究極のドラッカー

國貞克則

角川新書

まえがき

多くの人にドラッカー経営学の全体像とその本質を理解してもらい、それを実際に現場で活《い》かしてもらいたい。そんな想いで本書を書きました。

ドラッカー経営学がブームになっています。しかし、ドラッカー経営学の全体像とその本質を理解している人は極めて少ないと感じます。残念ながら多くの人がドラッカーの言葉の断片を知るにとどまっています。

ドラッカーの著作には物事の本質を突く言葉がたくさん出てきます。「同じ事実を違ったように見ていることを互いに知ること自体が、コミュニケーションである[1]」「意思決定で大事なのは、問題への答えではなく、問題についての理解である[2]」などということをドラッカーはサラリと言います。もちろん、これらドラッカーの核心を突く言葉を断片的に拾い集めて味わうだけでも価値があります。しかし、ドラッカー経営学の全体像がわかればそれぞれの言葉が持つ意味をもっと深く理解し味わうことができます。

　ドラッカー経営学を理解するには、ドラッカーの考え方や思考方法、さらにはその考え方の原点といった、ドラッカー経営学の思想の原点とその特徴を先《ま》ず押さえておく必要があります。逆に、ドラッカー経営学の思想の原点とその特徴を押さえておけば、難解に思われるドラッカー経営学が、すべてつながりを持ってスラスラと頭に入ってきます。

『もし高校野球の女子マネージャーがドラッカーの「マネジメント」を読んだら』（以降は『もしドラ』）が爆発的なヒットを記録し、ドラッカー経営学がビジネスの世界だけでなく、広くあまねく一般の人にも受け入れられることが証明されました。ドラッカー経営学はなぜ多くの人を引き付けるのでしょうか。それはドラッカー経営学が、人間に焦点を当て、本質を突き、複雑なことをシンプルに整理して私たちに伝えてくれるからだと思います。

　皆さんは「組織をマネジメントするとはどういうことか？」と問われたらどう答えます

1　『【エッセンシャル版】マネジメント』（ダイヤモンド社）Ｐ１６３
2　『【エッセンシャル版】マネジメント』（ダイヤモンド社）Ｐ１５６

か。ドラッカー経営学にはその答えが、多くの人が納得する形で示されています。

　また、いまの時代が大きな転換点にあることも、私たちがドラッカーに引き付けられる理由でしょう。工業化社会はとうの昔にピークを過ぎ、第2次産業の中心は中国や東南アジアの国々に移りつつあります。精神的にも、私たちはモノを持つことでは豊かさを実感できなくなりました。日本の人口は2005年から減少傾向に転じ、経済は停滞を続け、若者の就業機会は激減し、人々は将来に希望さえ持てなくなっています。多くの人がこれからどうなっていくのか、またこれからどうしていけばいいのかわからない状態です。

　ドラッカーは、自らを社会生態学者と名乗るように、社会を生き物として見てきました。生き物の一つの特徴は変化し続けることです。ドラッカーのマネジメント論は一貫して、変化する社会の中で組織やマネジャーが何をなすべきかが語られています。だからこそドラッカーは、大きな変化の時代を生きなければならない私たちの心を魅了するのでしょう。

　さらに、学者であるドラッカーが経営の実務家を引き付けるのは、ドラッカー経営学が実践のためのものであるからです。高尚な理論を提示されてもそれが現場で役に立たなければ何の意味もありません。ドラッカーは成果を重視します。

　ドラッカーは「よいことを行うための基礎は、よく行うことであるということである。

よき意図は無能の言いわけにならない[3]」と言います。つまり、「私は医者として患者を救う仕事をしています」と言っても、本当に患者を救えていないのなら意味はない。いいことをしているということを、自分の無能の言いわけにするなと言うのです。厳しい現場主義・成果主義が貫かれています。

ドラッカーの考え方は民間企業だけでなく、公的機関、ＮＰＯ、スポーツチームなど、すべての組織に適用できます。また、社長やマネジャーだけでなく、一般従業員や学生など、あらゆる組織のあらゆる立場の人に応用できます。さらに、組織のマネジメントだけでなく一人ひとりの人生のマネジメントにも役立ちます。

私にとっては、ビジネスや組織の難しい問題を考えるときにいつも参考にするのがドラッカーの考え方です。数えきれないほどのビジネス書や自己啓発書がありますが、困ったときに本当に役に立つのはドラッカーです。ドラッカーの書籍には本質が書かれています。論理的に整理された本質と、論理ではわからないが言われればだれもが納得する本質、この２つの種類の本質が書かれています。

３　『【エッセンシャル版】マネジメント』（ダイヤモンド社）Ｐ２７４

いま、会社の方向性や組織運営について悩んでいる人、仕事の成果や将来のキャリアについて悩んでいる人、そして自分の人生について悩んでいるすべての人たちが、現状を整理し、問題解決の糸口を見つけ、未来に向かって仕事や人生を考えていくための道標《みちしるべ》となるのがドラッカー経営学だと思います。

本書の構成は、先ず第1章でドラッカー経営学を理解するために知っておくべき5つのポイントについて説明し、その上で第2章から第5章において、「組織」「マネジャー」「イノベーション」「自己実現」の4つの分野についてドラッカー経営学の基本を解説していく形になっています。蛇足ですが、本書は実践の書であるドラッカー本の解説書ですから、第2章以降のタイトルを「何をなすべきか」で統一してみました。

なお、ドラッカーのマネジメント論は経営トップやマネジャーを対象に書かれている部分が多いのですが、本書の対象読者としては、経営者、中間管理職、一般従業員など組織で働くすべての人を念頭に置きました。ですから、取り上げた内容も組織で働くすべての人に理解しておいてもらいたいことです。内容的には難しいものではありませんので、就職を控えた学生の皆さんにも是非読んでいただきたいと思います。

一方で、ドラッカーが比較的大きな企業の経営トップを意識して書いていると思われる、取締役会の運営、事業の多角化、多国籍企業など（いまやこれらの内容も大きな企業だけに必要なものではなくなっていますが）については触れていません。

本書で、ドラッカー経営学の全体像とその本質を理解してください。本書を読めば、組織とは何か、マネジメントとは何か、仕事を通して人間が幸せになるとはどういうことかがご理解いただけると思います。そして、ドラッカー経営学を是非現場で活用してみてください。ドラッカー先生も彼の経営学が現場で活かされることを一番望んでいたと思います。

さあ、本書でドラッカー経営学の深淵《しんえん》に触れてみてください。

目次

第1章　ドラッカー経営学を理解するための5つのポイント

（1）幅広い歴史観と世界観から本質を見抜く

ドラッカーは「マネジメントの父」と呼ばれ、多くの人からマネジメントの専門家だと思われています。それはそれで間違いありません。人類史上初めて、マネジメントという分野全体を体系化した人です。管理的マネジメントを研究したアンリ・フェイヨールや科学的管理法のフレデリック・テイラーなど、マネジメントの一分野において大きな業績を残した人はいましたが、広範なマネジメント分野全体を体系的に整理したのはドラッカーが初めてです。

しかし、ドラッカーはそもそもマネジメントの研究者ではありませんでした。彼の興味の対象は社会全体にありました。1939年、ドラッカーが29歳のときに出版した処女作『「経済人」の終わり』（ダイヤモンド社）でドラッカーは、ブルジョア資本主義とマルクス社会主義に絶望した大衆がファシズム全体主義に向かったと指摘しました。その内容は、ときのイギリス首相ウィンストン・チャーチルに大絶賛されました。この社会全般に対する広くて深い知識と情報量、そして鋭い分析力と洞察力がドラッカーの一つの特徴です。

私は１９９４年から１９９６年にピーター・ドラッカー経営大学院[4]で学びました。ドラッカーの最初の講義は次のような質問から始まりました。「今から１００年前に世界の大学の中で学生数の多かった大学はどこか知っているか?」学生がだれも答えられないのを見計らってドラッカーは言いました。「一番多かったのがアメリカのコロンビア大学、次がドイツのベルリン大学、そして3番目が日本の東京大学だ(ドラッカーは各大学の当時の学生数にも触れたと思うのですが、私自身がその数を忘れてしまいました)。私が言いたいことは、国家として高等教育に力を入れていた国が１００年後に大きな成功を収めているということだ。だから、私も若い君たちの教育に力を入れていきたいと思っている」そう言って、当時85歳の高齢で耳もかなり遠くなっていたにも拘《かかわ》らず、精力的に大学院の学生の指導にあたっておられました。

ドラッカーの書籍の中には、彼の幅広い歴史観と世界観をベースに、具体的な数字を伴った事例がたくさん出てきます。「教科書の発明者はおそらく、十七世紀の中葉、自らは

4　米国カリフォルニアにあるクレアモント大学院大学の経営学修士課程(ＭＢＡ)のこと。現在は Peter F. Drucker & Masatoshi Ito Graduate School of Management に名称が変わっている。

じめてラテン語入門書を書いたチェコの偉大な教育改革者ヨハン・アモス・コメニウスであろう[5]」、「ドイツ人、ヴェルナー・フォン・シーメンスは１８６９年、企業史上初めて大卒の科学者を採用し、世界最初の企業内研究所をつくった[6]」などといった表現です。

私が１９９４年にピーター・ドラッカー経営大学院で受講した講義の中で、ドラッカーは「世界の中のある狭い地域において、今後人口が飛躍的に増大すると予測されている場所の一つは、日本の東京の東側、つまり千葉県北部である」と言っていました。バブル崩壊の影響で千葉県北部の人口は当時の予想のようには増大しませんでしたが、当時千葉県北部では数十万人の人口規模の千葉ニュータウンなど、いくつものニュータウン構想が進められていました。その当時において、狭い地域で１００万人規模の人口が増大するところは世界的にもあまり多くなかったのだと思われます。千葉県北部のことをドラッカーが知っていたということだけでも私には驚きでしたが、ドラッカーの頭の中には、そのような世界中の情報が序列化され整理されて入っていたのです。

ドラッカーの知識と情報量は膨大なものでした。それらの知識や情報が数値を伴った形で、歴史観を縦糸に世界観を横糸にしてきれいに整理されていました。ドラッカーはご自身で「私のことを経済学者だと言う人がいるがそれは全く間違いだ。経済学者は社会を数字を通して見ようとするが、私は社会を人間を通して見ている」とおっしゃっていました。確かにその通りであり、ドラッカーの考え方はいつも人間が中心になっています。人間を中心に考えているドラッカーだからこそ、数字が情報の信頼性を高め、人を納得させるための重要な要素になるという人間心理をよく認識していたのだと思います。

幅広い歴史観と世界観から社会の変化の本質を見抜いたのが、１９６９年に出版され世界的なベストセラーになった『断絶の時代』（ダイヤモンド社）です。その中でドラッカーは大きな時代の変化として「起業家の時代」「グローバル化の時代」「多元化[7]の時代」「知識の時代」の４つを指摘しています。これらは現代に生きる私たちがいま正に直面している時代の変化です。ドラッカーはこれを40年以上も前に指摘していたのです。

社会全体という大きな視野の中で組織やマネジメントのことを論ずる。幅広くかつ深い歴史観と世界観の中で物事の本質を言い当てる。このことがドラッカー経営学の基盤とな

5　『イノベーションと企業家精神』（ダイヤモンド社）Ｐ49
6　『【エッセンシャル版】マネジメント』（ダイヤモンド社）Ｐ２８８
7　多元化とは、20世紀の特徴の一つである、多くの人が大きな組織で働くという組織社会の形態が、企業だけでなく公的機関や病院など多元化していくということです。

っていると同時にドラッカー経営学の信頼性を担保していることは間違いありません。

私はドラッカーがどのようにしてその膨大な知識や情報を得ていたのか知りません。ドラッカー夫人は「ピーターはビジネスの分野に限らず、社会、文化、歴史などに幅広い興味を持っていましたが、そんな知識をどう養ったのか、私には見当がつきません。ただ、目についた印刷物はすべて読むという、並外れた読書家だったことは確かです。[8]」と語っています。

世界の情報が瞬時に集まるインターネットが広まる前の時代においてあの凄まじい情報量ですから、ドラッカーがインターネット時代に生きていたら、どんな新しい知見を提供してくれていたことかと思ったりします。

(2) 社会全体を生き物としてとらえる

〈まえがき〉でも書いたように、ドラッカーはご自身のことを「社会生態学者」と言っておられました。それは、社会全体のことを見ているというだけでなく、社会を生き物として見ていたということです。

ドラッカーの『【エッセンシャル版】マネジメント』(ダイヤモンド社)の本文の1行目

は「企業をはじめとするあらゆる組織が社会の機関である」（原書では“Business enterprises–and public-service institutions as well–are organs of society.”）という言葉から始まります。「組織が社会の機関である」と言われると、「それはそうだろうな」くらいにしか思いませんが、この「機関」という言葉は原書では“Organ”という単語が使われています。「臓器」とか「生物器官」という意味の“Organ”です。もちろん、“Organ”というこの言葉自体にそもそも「組織」という意味がありますが、私はドラッカーが社会の中に存在する組織のことを“Organ”という言葉を使って説明していることを知り、ドラッカー経営学の基本となる考え方がわかったような気がしました。

　生き物である社会を人体になぞらえていえば、肺や胃などの“Organ”は人体の１器官（機関）であり、企業や病院や消防署などの組織も社会の中の１器官（機関）であるということです。

　では、人体の中にある肺や胃の目的は何でしょうか。人体のために酸素を取り入れるのが肺の目的であるし、人体のために栄養を吸収するのが胃の目的です。肺や胃の目的は決

8　週刊ダイヤモンド『みんなのドラッカー』２０１０年11月6日号　P38

して肺や胃の中にはありません。人体の中の"Organ"である肺や胃の目的は必ず"Organ"の外にあります。

これと同じように、社会という生き物の中に存在する組織である企業や消防署や病院の目的も決してその組織の中にはありません。消防署の目的は消防署の中にあるのではなく消防署の外にある火事を消すのが消防署の目的であり、病院は医師や看護師のためにあるのではなく患者さんの病気を治すのが病院の目的です。

では、企業の目的は何でしょうか。企業が社会の1機関である限り、企業の目的も企業の中にあるはずがありません。企業の目的は決して企業自身の利益を増やすことではなく、社会のニーズを満たしたり、社会の問題を解決したりすること、つまり社会に貢献することこそが企業の目的であるとドラッカーは指摘するのです。

では、企業にとっての利益とは何でしょうか。「利益は、目的ではなく条件である[9]」とドラッカーは言います。これをもう少しわかり易く言えば、企業にとっての利益は、人間にとっての水のようなものです。人間は水を飲むために生きているわけではありませんが、水がなければ生きていけません。企業が社会の一員である以上、企業の目的が自社の利益であるはずはありません。しかし、企業は利益がなければ存在できません。つまり、利益は企業が存在するための条件なのです。

ただ、ドラッカーはこれに加えて非常に厳しい現実を私たちに突き付けます。利益は企業の目的ではなく条件だが、条件の方が目的よりきつい。人も企業も目的がなくても生きていけるが、条件が満たさなければ存在できない。ドラッカーは、金銭にまったく興味がない「天使を取締役に持ってきたとしても、利益に対しては重大な関心を払わざるをえない[10]」と指摘します。

また、ドラッカー経営学では「変化」が一つのキーワードです。社会生態学者としてのドラッカーは社会を生き物としてとらえています。生き物は変化します。変化することこそが生き物の特徴と言っていいかもしれません。生き物である社会は変化する。つまり、社会においては変化が常態なのだという考え方がドラッカー経営学の一つのベースになっています。

ですから、ドラッカーのマネジメント論では「廃棄」とか「切り捨てる」という言葉が

9　『【エッセンシャル版】マネジメント』（ダイヤモンド社）P14
10　『【エッセンシャル版】マネジメント』（ダイヤモンド社）P14

よく出てきます。ドラッカーは「新しい事業の開始の決定と同じように重要なこととして、（中略）業績に貢献しなくなったものの体系的な廃棄がある[11]」とか「企業は業績に貢献しない活動を切り捨てることによって成長できる[12]」とかと言います。

人は往々にして変化を嫌がります。「変化への抵抗の底にあるのは無知である。未知への不安である。しかし、変化は機会と見なすべきものである。変化を機会として捉えたとき、初めて不安は消える[13]」とドラッカーは言います。「変化を機会としてとらえよ」これこそが大きな時代の変化に直面し立ち尽くす私たちにドラッカーが贈ってくれた一つの処《しょ》方箋《ほうせん》です。

社会が生き物であるということが持つ特徴のもう一つは、生き物である社会は複雑系であるということです。ドラッカーは唯一正しい答えはないという立場をとります。ドラッカーは唯一絶対の組織構造も唯一絶対の人のマネジメントの方法もないと述べています。私たちが目指すべきはそれぞれの状況にあった組織構造やマネジメントの方法なのです。そして、唯一絶対の解はなくても考え方の基本と原則はある。その基本と原則を提示してくれるのがドラッカーなのです。

さらに、社会は複雑系であるだけに未来は予測できないというスタンスをドラッカーはとります。未来は予測できない。はっきりしていることは、未来は現在とは違うということだけであるとドラッカーは言います。私たちにできることは既に起こっている未来の兆しに気付くことだと言うのです。

「フィードバック」もドラッカーのキーワードの一つです。予測できない複雑系の社会だからこそ目標を明確にし、結果をフィードバック分析しながら、自らが軌道修正をしていくという方法が大切になるのだとドラッカーは説きます。

幅広い歴史観と世界観からものごとの本質をズバリと指摘するドラッカーなのに、複雑系の社会では唯一絶対という正解はなく、未来も予測できないというスタンスをとるのがドラッカーです。このことを見ても、ドラッカーがいかに現実を真摯《しんし》に見つめているか、また彼がいかに信頼に足る人物であるかがわかります。

11　『【エッセンシャル版】マネジメント』（ダイヤモンド社）Ｐ27
12　『【エッセンシャル版】マネジメント』（ダイヤモンド社）Ｐ261
13　『【エッセンシャル版】マネジメント』（ダイヤモンド社）Ｐ271

（３）Perception を大切にする

前述したように、ドラッカーの特徴は膨大な知識と情報をもとにした分析力です。また、本書を読み進めていただければわかりますが、ドラッカーの論理思考力は並はずれています。ドラッカーの考え方はどれも見事なまでに論理が一貫しています。

ただ、ドラッカーは分析や論理思考だけでは物事の本質はわからないという考え方を大切にします。部分の総和が全体になるのではないとか「理由はわからないけどそうなんだ」ということを大切にしなさいと言います。

例えば、一生懸命頑張っている人の姿を見ると多くの人は感動します。なぜ私たちは一生懸命な人を見て感動するのでしょうか。理由なんかわかりませんよね。世の中には理由はわからないけど「そうなんだ」ということがたくさんあります。

ドラッカー経営学には“Perception”という言葉がよく出てきます。日本語への翻訳本では、“Perception”は「知覚」と訳されています。“Perception”という単語はドラッカー経営学を理解する上で非常に重要な単語です。“Perception”は“Perceive”の名詞形であり、“Perceive”は「気付く」「理解する」「(真相などを)読みとる」といったニュアンスの言葉です。日本語では「看破する」とか「悟る」といった意味合いに近いかもしれません。

この“Perception”を重視しているところが、ドラッカーの本質を見抜く鋭さにつながっているのは間違いありません。ドラッカーの指摘には清々《すがすが》しさを感じます。仮説の論拠や背景をくどくど説明するのではなく、物事の本質をシンプルにズバリと指摘してくれます。そして、そのシンプルな言葉がいかに思慮深いものであり、いかに鋭く真実を言い当てているかということを後になって気付かされるのです。

ドラッカーファンが好きなドラッカーの言葉に「企業の目的の定義は一つしかない。それは、顧客を創造することである[14]」という名言があります。この言葉がどうして名言なのか。読者の皆さんも本書を読み終える頃には「フ～ム、なるほどな」と得心していただけると思います。

14　『【エッセンシャル版】マネジメント』（ダイヤモンド社）Ｐ15

〈コラム〉　西洋と東洋の思考方法の違い

私たちは子供の頃から、西洋流の論理分析型の思考方法をベースに教育されています。論理的に考えることは仕事をする上でもとても大切なことです。論理分析の第一歩は分類です。人間には認知の限界がありますので、複雑な事象を分析する場合先《ま》ず分類します。これが西洋流の論理思考の基本です。

ところが、前述したように、論理分析ではわからない真実は世の中にたくさんあります。ドラッカーはそれをそのまま受け入れることを大切にします。"Perception"というのは分類したり分析したりせずに、全体を全体としたままでその本質をそのまま受け入れるということです。

分類・分析せずに全体の中から本質を見抜く方法は東洋的な思考方法の特徴です。病院を例にとればわかり易いでしょう。日本の病院は西洋的な考えに基づいて作られていますので、外科、内科、皮膚科、眼科といったように分類され、その分野の専門家が病気の治療にあたるという方法をとります。

一方で、東洋医療は分類しません。体全体はつながっているという認識の中で治療にあたります。東洋医療では「足の裏のここを押さえると肝臓にいい」などと言いますが、そのようなことは論理的には理由が解明されていないでしょう。しかし、事実そうなんだということを大切にします。

ドラッカーが欧米より日本での人気が高いのは、西洋人でありながら極めて東洋的な思考方法を大切にしていたからかもしれません。


ドラッカーは論理的な分析と“Perception”を同時にうまく使い分け、私たちをうならせるような本質を指摘してくれます。現代のはやり言葉でいえば、理性と感性をうまく使うとか、右脳と左脳をうまく使うということかもしれません。

「理詰めで物事を考えることによって、新しい発見をしたことは、私には一度もない」と言ったのはアインシュタイン博士です。世の天才と言われる人たちは理性と感性を同時に使う達人たちなのでしょう。

なお、この「知覚」の重要性については『新しい現実』（ダイヤモンド社）の終章の「分析から知覚へ―新しい世界観」においてドラッカー自身が鋭い考察をしています。

(4) ドラッカー思想の系譜

ドラッカーの言葉を理解するためには、ドラッカーが何に関心を持ち、どのような考えを展開してきたかというドラッカー思想の系譜を押さえておく必要があります。ドラッカーの研究対象は変化していても、ドラッカー思想には一貫した流れがあります。

そもそもドラッカーの関心は社会全体、そしてその社会を構成する人間の幸せにありました。前述したように、1939年に出版されたドラッカーの処女作『「経済人」の終わり』(ダイヤモンド社)には、ブルジョア資本主義とマルクス社会主義に絶望した大衆がファシズム全体主義に向かったことが書かれています。その論旨は次のようなものです。

ブルジョア資本主義の基盤になっている考え方は、人間を経済的動物(エコノミック・アニマル)とし、完全に自由な経済活動があらゆる目的を実現する手段と見るものです。マルクス社会主義は、経済活動の成果による富をブルジョア階級から労働者階級に平等に分配しようとしたものでした。

しかし、自由な経済活動から世界恐慌が起こり、ブルジョア資本主義は結局人々に自由と平等をもたらすことはできませんでした。一方、マルクス社会主義は階級のない社会の実現を目指したにもかかわらず、皮肉にも新たな階級構造を作り出し失敗に終わりました。結局この2つの社会体制は人を幸せにできなかったのです。

そして現れたのが全体主義（ファシズム）でした。資本主義と社会主義という2つの社会体制が失敗し、大衆が絶望の淵に立たされたとき、大衆が向かうのは魔術と奇跡しかなかった。つまり、大衆は「小麦の価格を上げつつパンの価格を下げる」といった矛盾を公然と喧伝《けんでん》する魔術師であるファシズムの指導者たちにすがったのだとドラッカーは論ずるのです。そして結局ファシズムはさらに多くの大衆を不幸にしてしまいました。

資本主義も社会主義もどちらもが経済至上主義であり、結局経済至上主義は人間を幸せにしないことをドラッカーは既に1939年に指摘していたのです。

ドラッカーの次の著作は1942年に出版された『産業人の未来』（ダイヤモンド社）でした。第二次世界大戦中に書かれたこの著作の中で、戦後は産業が社会の主役となる組織社会になっていくとドラッカーは指摘していました。ドラッカー思想を貫く基本的な考え方を理解する上で重要な言葉がこの本の中に出てきます。それは「正統性(Legitimacy)」という言葉です。この「正統性」という言葉を理解していないとドラッカーが一貫して何を考えていたかがわかりません。

『産業人の未来』の序文で、正統性とは「高次の規範、責任、ビジョンを根拠とする社会的認知によって正当化される権力のことである」と定義されています。わかり易く言えば、社会においてあるものの存在が正統であると認められ、存在する意義が敬意をもって認知されるというような意味合いの言葉です。

ドラッカーは、「資本主義は、それが非効率であったり、誤って機能したために攻撃されているのではない。倫理性を欠くことについて攻撃されているのである[15]」と言いました。第二次大戦後が産業社会になることは間違いない。その産業社会の主役たる企業が正統性を持ちうるものでなければ社会はもたない。企業の権力は倫理的理念から導きだされたものでなければならないのだとドラッカーは説くのです。

このように社会全体のあり方、特に産業社会のあり方に関心を持っていたドラッカーは、戦後の産業社会の主役になる企業の研究を始めました。そこに、『産業人の未来』を読んだゼネラルモーターズ（GM）の幹部から「GMのマネジメントと組織について調査してほしい」という一本の電話がドラッカーに入ったのです。1943年の秋のことでした。それは、ドラッカーにとってはまったく予期せぬできごとでした。ドラッカー自身も「まったくの偶然でした。言ってみれば事故のようなものですね[16]」と彼ならではのユーモアを交えて語っていますが、『産業人の未来』の分析力と洞察力がGM幹部の心をとらえていたことは間違いありません。企業の研究をしたいと思っていたドラッカーにとって、この電話は願ってもないことでした。この一本の電話をきっかけに、ドラッカーはその後60年以上に及ぶマネジメント研究の分野に足を踏み入れていったのです。

このGMの調査をもとにドラッカーは1946年に『企業とは何か』（ダイヤモンド社）を出版します。そして、ドラッカーは「マネジメント」という分野の体系化にいどみ、1954年に『現代の経営』（ダイヤモンド社）、1964年に『創造する経営者』（ダイヤモンド社）、1966年に『経営者の条件』（ダイヤモンド社）をそれぞれ出版し、それが1973年に『マネジメント　課題、責任、実践』（ダイヤモンド社）という、原書で800ページに及ぶ大著に集大成されていきます。

次にドラッカーは、1985年に出版した『イノベーションと企業家精神』（ダイヤモンド社）でイノベーションの体系化に取り組みます。社会を生命体として見るドラッカー

15　『現代の経営　下』（ダイヤモンド社）P317
16　『ドラッカーへの旅』（ソフトバンク　クリエイティブ）P24

にとっては、変化する社会で企業が生き延び、経済と社会が発展するためには何にもましてイノベーションが重要だと認識していたのです。

このようにドラッカーの思想はつながっています。そしていくつかの特徴ある考え方がそのベースにあります。ドラッカーの著作に従えば、ドラッカー思想の系譜は次のようにまとめることができます。

資本主義と社会主義の2つの経済至上主義が人間を幸せにできなかったことを分析した後、第二次世界大戦後の主役となる産業社会の分析に移ります。その産業社会の中心となる企業を研究し、その企業研究からマネジメントの体系化に取り組み、次にイノベーションの体系化に取り組んだのです。

ドラッカーほどの人物ですから、もしドラッカーがマネジメントの分野に進まなかったら、資本主義や社会主義に代わる新たな社会体制の道筋を示してくれていたのではないかと私は思いました。もちろん、ドラッカーはそのことについても考えていました。それは彼の自伝的な著作『傍観者の時代』（ダイヤモンド社）を読めばわかります。ドラッカーは、完璧《かんぺき》な社会体制などありえず、産業社会の中で市場による人間疎外という代償を払いつつも妥協しながら自由な社会を求めていくしかないと超現実的に考えていたのです。

（５）人の幸せを願う心

ドラッカー経営学を理解するために知っておくべき5つのポイントの最後は、ドラッカー経営学の根底に流れる考え方です。それはドラッカー経営学を理解し、ドラッカー経営学を現場で活用していくためにどうしても知っておかなければならないことです。

私は２００７年3月に、ドラッカー著作の翻訳者である上田《うえだ》惇生《あつお》氏の講演を聞きました。上田氏はドラッカーのほぼ全著作を翻訳してこられた方で、ドラッカーをして「私以上に私の著作に精通しておられる」と言わしめた人です。その上田氏が講演で次のようなお話をされました。「ドラッカー経営学の原点は『人間の幸せ』にある。20世紀に起こった顕著な社会現象は、多くの人々が大きな組織で働くようになったことだ。ということは、組織の運営の良し悪しによって多くの人々の幸せが左右される社会になった。ドラッカーは彼の『人間の幸せ』を願う気持ちを原点にして、この20世紀の社会変化に対応するように、マネジメント研究の道に進んで行ったのだ」と。

私はピーター・ドラッカー経営大学院の卒業生ではありますが、そもそもドラッカーの大ファンではありませんでした。ドラッカーの本を積極的に読みだしたのは留学から帰ってきてからですし、上田氏の講演を聞いたときはまだドラッカーの著作群を全て読み通してはいない段階でした。その頃の私のドラッカーに対する印象を言葉にすれば、「博識」「鋭い分析力と洞察力」といった感じでした。

上田氏の講演で、ドラッカーの最大の興味は「人間の幸せ」にあると聞かされ、私は頭を金づちでなぐられたような衝撃を受けました。私はドラッカーの本質をまったく理解していませんでした。

ドラッカーはどうすれば人間は幸せになれるのかということを考え続けた人でした。ドラッカー経営学の原点が「人間の幸せ」であることを念頭にドラッカーの著作を読めば、ドラッカーの真意がスラスラと理解できるようになります。資本主義と社会主義の研究も、産業社会の研究も、マネジメントの体系化もその根底には常に「人間の幸せ」があります。

上田氏は『ドラッカー入門』(ダイヤモンド社)の中で、「知覚の能力をもつということは、あらゆるものを機械としてではなく命あるものとして見るということでもある[17]」と書かれています。まさにドラッカーは社会全体を命あるものとして見ていました。人間を中心にして対象を見るドラッカーの姿勢が、彼の"Perception"力を高めていたのでしょう。

ドラッカーの著作は優しさに満ち溢《あふ》れています。『経営者の条件』に次のような事例が書かれています。アメリカ政府のある大きな研究所で科学者向けに定期刊行物を発行する出版局長が退職した。彼は科学者でもなければ訓練を受けた書き手でもなかった。彼の退職後、後任には一流のジャーナリストが起用された。しかし、主たる読者である科学者たちは新しい出版局長が作った定期刊行物を読まなくなってしまった。科学者たちはこう言った。「前の局長は、われわれのために書いてくれていた。しかし、新しい局長は、われわれに向けて書いている[18]」と。このような事例をあえて引用するあたりにもドラッカーの優しさが垣間《かいま》見えます。ちなみに、私は何か文章を書くときいつもこの言葉が頭に浮かびます。

ドラッカーの優しさを決定づける言葉を紹介しましょう。それはドラッカー経営学の集大成である“Management: tasks, responsibilities, practices”（以降は“Management”、日本語への翻訳本は『マネジメント　課題、責任、実践』）という著作の最後に“Conclusion”

17　『ドラッカー入門』（ダイヤモンド社）Ｐ１８０
18　『「新訳」経営者の条件』（ダイヤモンド社）Ｐ72

（結論）として、“Legitimacy of Management”（マネジメントの正統性）と題して書かれている内容です。“Legitimacy”（正統性）は33ページの『産業人の未来』のところで説明した“Legitimacy”（正統性）です。

マネジメントの正統性、つまりマネジメントの存在意義は何なのか。マネジメントの役割が消費者や従業員のニーズを満足させることであることは間違いないが、それだけではマネジメントが正統性を持っているとは言えない。ドラッカーはマネジメントの正統性の根拠は一つしかない。それは、“to make human strength productive”（人の強みを生産的なものにすること）だ。つまり、組織の目的は、一人ひとりの持ち味を活《い》かして社会に貢献させ、そのことを通して従業員が自己実現を果たし、自分の存在意義を感じさせることだと言うのです。言葉を替えれば、一人ひとりの人間を幸せにすることができなければマネジメントの存在意義はないのだと言っているのです。

いかがでしょう。これがドラッカーの８００ページに及ぶ“Management”という本の「結論」に書かれている内容です。私はドラッカーのこの結論に、心を揺さぶられる感動を覚えました。私たちが第一にドラッカーから学ばなければならないことは、この人間の幸せを願う心だと私は思っています。この気持ちがなければ、いかにドラッカー経営学を学んでも、それを現場で使い成果をあげることは難しいでしょう。

ドラッカーの著作は読み物としては難解な面もあると思います。しかし、ドラッカーのマネジメント論は普通の能力の人を対象に書かれています。ドラッカーは言います。優れたマネジャーにカリスマ性などいらない。マネジャーとしてやるべきことのほとんどは学ぶことができる。「マネジャーは育つべきものであって、生まれつきのものではない[19]」のだと。

さらにドラッカーはこんなことも言っています。「マネジメント開発は、人事計画やエリート探しではない。（中略）組織がなしうる最悪のことは、エリートを育成すべく他の者を放っておくことである。10年後、仕事の八割はその放っておかれた人たちが行わなければならない。しかも、彼らは軽んじられたことを覚えている。（中略）他方選ばれたエリートの半分は、40代にもなれば、口がうまいだけだったことが明らかになる[20]」と。

ドラッカーはマネジメントにおいて、普通の人が理解して身に付け実践すべき基本と原

19　『【エッセンシャル版】マネジメント』（ダイヤモンド社）Ｐ１３５
20　『【エッセンシャル版】マネジメント』（ダイヤモンド社）Ｐ１３５～１３６

則を指し示してくれます。ドラッカーは凡人を捨て置きません。逆にドラッカーは凡人のためにあると言ってもいいでしょう。ドラッカーは次のように言ってくれます。「明日というものは、平凡な仕事をしている無名の人たちによって今日つくられるということである[21]」この言葉は、私のような凡人をどんなに救われた気分にさせてくれるかしれません。

ドラッカーは特別な才能も能力もない普通の人に「あなたも大丈夫。だれでも優れたマネジャーになれる資質が備わっているんですよ。前を向いて努力していってください」と言ってくれているのだと思います。だれでもドラッカーは使いこなせる。私はそう思っていますし、ドラッカーも間違いなくそれを望んでいると思います。

ドラッカー経営学の原点は「人間の幸せ」にあります。しかし同時に、ドラッカーは非常に冷静で厳しい面を持ち合わせています。雇用維持のためだけの温情主義の経営や、部下に優しさだけで接するマネジャーを否定します。このあたりの厳しさの理由も第2章以降でドラッカーの真意を理解していただけると思います。

本書はドラッカーの様々な著作の中からその考え方を引用していますが、本書の第2章と第3章は基本的にドラッカーの著作“Management: tasks, responsibilities, practices”(HarperCollins Publishers) と、その日本語への翻訳書である『マネジメント　課題、責任、実践　上』『マネジメント　課題、責任、実践　中』（いずれもダイヤモンド社）の内容を解説したものです。

“Management”は３部構成になっていて、第１部がマネジメントについて、第２部がマネジャーについて、第３部がトップマネジメントについて書かれています。〈まえがき〉でも書いたように、本書では第３部のトップマネジメントについてはほとんど触れていません。よって、日本語版の『マネジメント　課題、責任、実践　下』についても触れていません。

読者の中には、第１部のマネジメントと第２部のマネジャーは何が違うのかとお思いの方もいらっしゃるでしょう。この違いはドラッカー自身が語っているように、第１部は外部からマネジメントを見てその役割や要求されることについて論じたものであり、第２部がマネジメントのための方法について論じたものです[22]。

マネジメントがなければ組織は成り立ちませんし、組織がなければマネジメントは存在

21　『マネジメント・フロンティア』（ダイヤモンド社）序文
22　『マネジメント　課題、責任、実践　上』（ダイヤモンド社）まえがき

しません。ということは、外部からマネジメントを眺めるとは、組織としてやるべきことは何かを論じていることに他なりません。そういう観点から、"Management" の第1部の解説にあたる、本書の第2章のタイトルを「組織は何をなすべきか」にして、本書の第3章の内容との違いがよくわかるようにしました。

もちろん、マネジメントはマネジャーが行うものであり、マネジャーがいなければマネジメントもありません。よって、本書の第2章と第3章の内容が関連しているのもまた事実です。

本書の第4章は基本的に "Innovation and Entrepreneurship" (Harper & Row Publishers) 及びその翻訳書である『イノベーションと企業家精神』(ダイヤモンド社)の内容を解説したもので、第5章は "Management Challenges for the 21st Century" (Harper paperbacks) 及びその翻訳書である『明日を支配するもの』(ダイヤモンド社)の中の自己のマネジメントについて書かれた部分の内容を主に解説したものです。

本書の第2章から第5章においては、ドラッカー著作からの引用箇所についてその引用書籍をいちいち明記していませんが、基本的に上記の書籍からの引用であるとご理解ください。

では、次章以降で実際にドラッカー経営学の何を理解し何を実践していけばよいのか、具体的に見ていくことにいたしましょう。

第2章　組織は何をなすべきか

2―1　組織が果たすべき役割（tasks）とは何か

（1）3つの役割（tasks）

ドラッカーの考え方は理路整然としています。第1章で説明したように、ドラッカーは社会全体を生命体として見ており、社会の中の組織はどれも社会に貢献するためにあり、社会に対して具体的な成果を出さなければならないと言います。つまり組織の目的は組織の外にあるのです。ですから、組織の外に対する「貢献」と「成果」はドラッカー経営学の重要なキーワードです。

また、多くの人が組織で働く時代になった現代では、人の幸せは組織のマネジメントによって決まる。つまり、組織の重要な目的がそこで働く人を、仕事を通して幸せにすることだとドラッカーは言います。それは報酬とかではなく、仕事自体にやりがいを感じさせるような状態を作ることです。

社会への「貢献」と「成果」、そして「人間の幸せ」というキーワードをもとに、社会の中に存在する組織が何をすべきかを考えれば、自《おの》ずと結論は見えてきます。ドラッカーは、組織を運営するマネジメント層が組織を機能させ、貢献へと導くには次の3つの役割（tasks）を果たさなくてはならないと言います。

①自らの組織に特有の目的とミッション（使命）を果たす
（the specific purpose and mission of the institution）
②仕事を生産的なものにし、働く人たちに成果をあげさせる
（making work productive and the worker achieving）
③自らが社会に与えるインパクトを処理するとともに、社会的な貢献を行う
（managing social impacts and social responsibilities）

以上の3つの役割の中で、従業員を幸せにするための役割が、なぜ「仕事を生産的なものにし、働く人たちに成果をあげさせる」ことなのかと疑問を持つ方もおられると思います。この「仕事を生産的なものにし、働く人たちに成果をあげさせる」には複層的な意味

があります。特に、原文の（worker achieving）は直訳すれば「従業員の達成」です。ドラッカーはなぜ「達成」を重視しているのか、また翻訳者の上田氏はなぜこれを「働く人たちに成果をあげさせる」と訳しておられるのか（ちなみに、『【エッセンシャル版】マネジメント』では「仕事を通じて働く人たちを生かす」と訳されています）。これらの点については、第2章の「2─5　仕事を生産的なものにし、働く人たちに成果をあげさせる」で詳しく説明します。

また、以上の3つの役割のうち①と②の2つが組織の基本的な役割で、③は付随的な役割のような気もしますが、ドラッカーは重要性においてはどれも同じだと言います。その意味は55ページの「(4)　社会的責任」で説明します。

では次に、3つのそれぞれの役割について詳しく見ていきましょう。

(2)　組織の目的と使命

社会の中に存在する組織はそれぞれ異なる目的と使命を持っています。前述したように、消防署の役割は火事を消すことですし、病院の役割は患者さんの病気を治すことです。

企業も同じです。企業の目的は顧客に商品やサービスを提供して社会に貢献することです。それぞれの企業にはそれぞれの目的と使命があります。顧客にラーメンを提供する企業もあれば自動車を提供する企業もあります。

ただ、企業とその他の組織（行政機関、小中学校、自衛隊など）には違いがあります。企業は経済活動を行うということがその他の組織との大きな違いです。行政機関、小中学校、自衛隊などは経済活動の余剰によって運営されています。企業が生み出す利益に対する税金や、そこで働く人々が支払う税金がなければ、行政サービスや義務教育などのサービスは提供できません。

私たち日本国民は、巨額の赤字国債が発行され、それが国家の歳入の多くを占めるような仕組みの中で長く生活してきましたから、お金は国がどこかから持ってきてくれるような錯覚を持ってしまっている感があります。しかし、お金は天から降ってくるものではありません。例えば、今回の東日本大震災で被災された人を救ったり被災地を復興させるためのお金は、基本的に企業が経済活動を行い、その中で国民が働くという経済活動によって生み出すしかないのです。赤字国債を除けば国の歳入は税金がその主なものです。つまり、公的なサービスは経済活動の余剰によってのみその提供が可能になるのです。

このような理解のもと、経済活動を行うということが企業の特徴であるとすれば、企業は自らが生み出す経済的な成果（economic performance）によってしかその存在意義を正当化できないとドラッカーは言います。企業は自らの商品やサービスを顧客が支払ってもよいと思う価格で提供できなければその企業の存在価値はないということになるのです。

既に述べたように、生命体としての社会の中に存在する組織の目的は必ず組織の外にあります。顧客が支払ってもよいと思う価格で商品やサービスを提供する、つまり経済的活動を通して社会に貢献することが企業の目的です。

人体の中の器官で人体に貢献するという役目を果たさず、自らの組織の増殖のために存在するのは癌《がん》細胞です。社会の中で社会に貢献するという役目を果たさず、自らの利益の増殖や、自らの組織の維持・拡大のためだけに活動していれば、その組織は社会の中の癌になっていると思っていいのではないでしょうか。

（3）生産的な仕事と従業員の達成

組織が果たすべき2つ目の役割は、真の意味で組織の唯一の資源である「人」を生産的にすることです。人が生産的でなければ組織の成果はあがりません。組織の中の従業員が生産的であることは1番目の役割である組織の目的と使命を果たすためになくてはならないものです。従業員が生産的でなく、同じ商品やサービスを競合他社と比べて高い値段でしか提供できない企業はいずれ存続できなくなります。

企業が公的機関と異なる一つの特徴は、企業は生産的でなければ自動的に社会から抹殺されるという仕組みが企業社会に組み込まれていることです。赤字が続く企業はいずれ倒産します。市場が「もうその企業はいらないよ」ということで、その企業の商品やサービスを買わなくなるから企業は倒産するのです。

公的機関で働く人が生産的でないことが指摘される場合があります。そうなってしまう理由の一つは、公的機関が生産的でなくてもその組織や機能が社会から抹殺される仕組みが備わっていないからです。例えば、みなさんのお住まいの地域の市役所で働く人が生産的でない場合、住民は苦情を言うことはできますが市役所がなくなることはありません。

前述したように、組織が社会の1機関である以上、すべての組織は社会に貢献しなければなりません。そして、社会に貢献するために組織の成果をあげるには、どの組織においても仕事をする人が生産的でなければならないのです。

ただ、組織の役割の2番目の「仕事を生産的なものにし、働く人たちに成果をあげさせる」には2つの意味合いがあります。一つはいままで述べてきた、成果をあげるために組織を生産的にするということです。そして、もう一つの意味合いは、仕事を生産的なものにすることによって、仕事を通して従業員を幸せにするということです。

組織の成果を高めるために仕事を仕事の論理に従って組み立てることは第一段階にすぎません。はるかに難しい第二段階は、仕事を人間に適したものにしていくことです。人間は仕事とは全く異なる論理で動きます。人間はロボットのようには働けません。人間は生理的・心理的特徴、能力、独自の行動様式を持った存在です。人的資源を「物」としてではなく「人」としてとらえなければならないのです。

仕事は人間が行うのであり、従業員は組織で働くことによって生活の糧を得、達成感や満足感を得ます。この“worker achieving”こそが仕事を通して人を幸せにするための重要なキーワードになります。このことについては第2章の「2—5　仕事を生産的なものにし、働く人たちに成果をあげさせる」で詳しく説明しますが、この2つ目の意味合いである、仕事を生産的なものにすることによって、仕事を通して従業員を幸せにすることこそが、組織の2番目の役割としてドラッカーが伝えたいメインメッセージなのです。

第1章で述べたように、多くの人が組織で働くようになりました。組織は従業員の幸せに大きな影響を与える存在です。それぞれの従業員の持ち味を活《い》かして社会に貢献させ、従業員が自己実現を果たし、従業員に仕事を通して生きる意味を感じさせるような組織運営ができなければ、組織は多くの人から敬意を持ってその存在意義を認められるようにはならない。仕事を通して従業員を幸せにすることこそが組織の重要な役割であるとドラッカーは考えているのです。

（４）社会的責任

３番目の役割である「社会に与えるインパクトを処理するとともに、社会的な貢献を行う」は、１番目の役割の「組織の目的と使命を果たす」こととは意味が違います。組織は社会の中に存在します。組織の活動は社会に影響を与えます。工場の騒音や排ガスなどです。

また、社会が抱える人種差別などの社会的問題が組織に影響を与えます。組織は社会の一部ですから社会の問題が組織に影響を与えることは避けられません。組織は自分の組織が社会にとって好ましい存在になっているかどうかをいつも意識しておく必要があります。

３番目の役割は付随的な役割のように考えられがちですが、実はこれは非常に大きい意味を持つ役割です。ドラッカーはこれら３つの役割は根本的に異なるが、重要性の点では変わらないと言います。組織が社会的影響に対処できなければその組織は社会からの支持を失い組織の存続さえも脅かされます。

このことは東京電力福島第一原子力発電所の事故のことを思い浮かべればすぐに理解できるでしょう。東京電力は関東地区の住民と企業に充分な電力を供給してきました。そして、多くの東京電力の従業員が東京電力で働くことで生計を立て自己実現を図ってきたはずです。つまり、組織の役割の1番目と2番目をしっかり果たしてきたと言えます。しかし、東京電力の福島第一原子力発電所の事故は社会に大きな影響を及ぼし、同時に東京電力という組織にも大きな影響を与えました。

この「社会に与える影響」は何も大企業の問題だけではありません。例えば、繁盛しているラーメン屋さんが、料理の過程で発生する異臭をまき散らし近隣の人達が迷惑していたとしましょう。料理の過程で臭いが出るのは致し方ありません。しかし、そのことで近隣住民が迷惑しているということに対して組織がどう対処しようとしたか。自分の組織が社会にとって好ましい存在になっているかどうかをいつも意識していたかどうかは組織にとって重要な問題なのです。この「社会に与えるインパクトを処理するとともに、社会的な貢献を行う」ことについては第2章の「2―6　企業の社会的責任」で改めて詳しく説明します。

(5) 時間軸を意識する

ドラッカーは、マネジメントには常にある種の複雑さがつきまとうとして、以上の3つの役割に加えて、4番目の役割と言うには適当ではないが、「時間軸」という側面を意識する必要があるとしています。

「時間軸」という側面から、マネジメントの意思決定には現在から将来の橋渡しという性質があることを指摘すると同時に、「既存事業の運営」と「新規事業の開拓」という異なる2つの種類のマネジメント上の役割についても触れています。社会を生命体として見る、つまり変化が常態であると考えているドラッカーとしては当然の指摘でしょう。

ここで、これまで説明してきた組織の基本的な役割（tasks）についてまとめておきましょう。次のように、組織には果たすべき役割が3つあります。

①自らの組織に特有の目的と使命を果たす
②仕事を生産的なものにし、働く人たちに成果をあげさせる

③自らが社会に与えるインパクトを処理するとともに、社会的な貢献を行う

これら3つのことを「時間軸」を意識しながら考え実践していくのが組織の役割であるとドラッカーは言っているのです。

２―２　企業の真の目的と企業が持つべき機能（functions）について

(1)「顧客満足」を超えた「顧客創造」

組織の果たすべき役割の第一は「組織の目的と使命を果たすこと」だと述べました。それは、企業であろうが公的機関であろうがＮＰＯであろうが、すべての組織に共通することです。

ここからは経済活動を行う企業に焦点を当てて説明していきます（公的機関については別途第２章の「２―７　公的機関のマネジメント」で説明します）。前述したように、企業は経済活動を行う組織であり、経済的な成果をあげなければ存在意義がありません。つまり、顧客が望む商品やサービスを顧客が支払ってもいいと思う価格で提供できていない企業は組織のマネジメントが失敗しているということです。

このような観点から考えたとき、企業の目的は何になるでしょうか。ドラッカーは企業の目的の定義は一つしかない。それは「顧客を創造すること（to create a customer）」だと言います。つまり、顧客の集合体としての市場を創り出すことが企業の目的なのです。

　この「顧客を創造する」という言葉はドラッカーの言葉の中でも特に有名な言葉の一つです。私は『マネジメント』という本の全文を読み通す前にこの言葉だけを何か別の本で目にし、その頃は「ドラッカーはどうして『顧客創造』といった奇を衒《てら》ったような言い方をするのだろうか。企業の目的は『顧客満足』でいいじゃないか」などと思っていました。ここでもドラッカーは企業と市場の関係を鋭く見ています。企業の目的は「顧客満足」では不充分なのです。

　もちろん、企業が顧客を満足させることは企業にとっての重要な役割の一つです。顧客の欲求を満たす商品やサービスを提供することが企業の仕事であることは間違いありません。しかし、顧客の欲求というものは顧客自身が認識しているものばかりではありません。顧客の欲求は顧客自身がそれを明確に認識していないものもたくさんあります。ドラッカーはコピー機やコンピューターを引き合いに出し、それらが誕生するまではそれらの機器を具体的に欲求していた顧客はいなかったと言います。

　このような顧客自身さえ認識していない、顧客の潜在的な欲求を満たすことによって大きな市場は生み出されます。コンビニも宅配便もそうです。日本には昔からこれらと似たお店やサービスとしてよろず屋や郵便小包がありました。昔のよろず屋は必ずしも欲しいものがいつも揃っているわけではありませんでした。また、郵便小包は荷づくりのルールが細かく決まっていて面倒だなと思っていた人は多かったでしょう。しかし、顧客自身が現在の姿のコンビニや宅配便を明確にイメージして、コンビニや宅配便が現在提供しているサービスを具体的に欲求していた人はほとんどいなかったでしょう。

コンビニや宅配便というビジネスの仕組みは企業側が提案してビジネスになったものです。ドラッカーは、市場は神や自然や経済の力で生み出されるものではなく、ビジネスに関わる人たちが作り出していくものだと言います。

ドラッカーは、事業とは市場において知識という資源を経済価値に転換するプロセスであると言います。つまり、買わないという選択肢もある顧客が、喜んで購入してくれるような商品やサービスを提供するのが事業です。そして、それを可能にするのが企業で働く人たちの知識であり知恵なのです。ドラッカーは、企業は必ずしもより大きくなる必要はないが、常により優れたものに成長する必要があると言います。知識と知恵を使ってより優れた商品やサービスを提供し続けることが企業の使命なのです。

実は大きなビジネスになっているものの多くは、企業が知識と知恵を使い顧客の潜在的な欲求を満たしたものばかりです。ユニクロのヒートテックも、昔には類似したものとして「ババシャツ」と呼ばれていた生地の厚いおせじにもセンスが良いとは言えない肌着がありました。「生地が厚くてセンスが悪いな〜」と思っていた人は多いでしょうが、汗を熱に変えるという機能を持ったユニクロのヒートテックを明確にイメージして具体的に欲求していた顧客はいなかったでしょう。ユニクロが新しい市場を作り出したのです。

「環境変化に対応するのが企業だ」という人がいます。それはそれで間違ってはいません。しかし、それだけでは足りない。ドラッカーは、市場の風向きを見極めるだけでなく、それを企業自らが創り出していく必要があると言います。未来は予測できない。私たちにできることは既に起こった未来の兆しを見極めることと自らが未来を創り出していくことだけだとドラッカーは言うのです。

さらに言えば、社会を生き物として見、人間を中心に見ているドラッカーとしては「顧客満足」だけで充分なはずがありません。当然顧客の欲求は変化します。顧客満足では遅すぎる。未来を予測できない私たちが企業を存続させていくには、変化の最先端に自らが立つしかない。自らが変化を創り出していくしかないのです。

企業の目的は「顧客満足」では足りず、「顧客創造」こそが企業の真の目的です。企業人は「顧客を満足させる」という意識で働くだけでなく、「市場を創り出す」という意識で働かなければならないのです。

〈コラム〉なぜ“create a customer”なのか

「顧客を創造する」の原文は“create a customer”です。これを見て私はなぜ“create customers”ではないのだろうかと思いました。ドラッカーは、企業の目的は「顧客を創造すること」と定義した後すぐに「市場は神や自然や経済の力で生み出されるものではない」と言い、企業の目的が顧客の創造を通しての市場創造であると理解してもいいような表現を使っています。しかし、ドラッカーは一貫して“create customers”でなく“create a customer”を使っています。ドラッカーほどの人物ですから、一つひとつの単語は慎重に選んでいるはずです。私はここにもドラッカーの人間を中心にして見るという態度が表れていると思いました。

市場をマーケットとして分析していたのでは、新しい商品やサービスの開発は難しいでしょう。私は、新しい商品やサービスの開発には市場にいる一人ひとりの人間を大切にするという気持ちが不可欠だと思っています。

拙著『財務3表一体理解法』(朝日新書) はベストセラーになりましたが、これは市場のニーズを分析して生まれたものではありません。私の顧問先の企業で、BSも読めず銀行交渉ができない社長さんに「どうしたら財務会計を理解してもらえるだろうか」と考えていて生まれた会計勉強法が「財務3表一体理解法」でした。一人の悩みや苦しみを救うことができれば、その手法は万人に応用できます。

多くの貧村を救った二宮尊徳は「一村を救いうる方法は全国を救いうる。その原理は同じである」と言いました。ドラッカーが「顧客創造」(create a customer) と言った真意もここにあるのではないでしょうか。

ドラッカーは、企業が市場を創造するには先ず「市場に居る一人ひとりの人間を見よ」と言っているのではないかと思います。ドラッカーは市場を市場 (market) として見ていたのではなく、市場を形成する一人ひとりの人間 (a customer) の集まりとして見ていたのでしょう。

（2）企業が持つべき2つの基本機能（basic functions）

組織の第一の役割が「組織の目的と使命を果たす」ことであり、企業の目的が「顧客を創造する」ことであるというドラッカーの論理展開をたどっていけば、企業に必要な機能は自ずと明らかになります。

ドラッカーは企業が持つべき基本的な機能（basic functions）は「マーケティング」と「イノベーション」の2つだけだと言います。顧客を創造するためには、顧客のことを知ることと、いままでにない何かを生み出すことが大切になります。

企業が何であるかを決めるのは顧客です。ドラッカーは常に顧客を起点にし、顧客を知り尽くさなければならないと言います。この思想のもとに出てくるのがドラッカーの有名な言葉である「マーケティングの目的は販売を不要にすること」です。マーケティングの目的は顧客を知りつくし、商品やサービスを顧客にふさわしいものにし、自然と売れていくようにすることなのです。

マーケティングは常に顧客が起点になります。ドラッカーは次のように言います。マーケティングは、人口構成の変化（demographics）、顧客の現実（realities）、顧客のニーズ

(needs)、顧客の価値（values）からスタートしなければなりません。「自分が何を売りたいか」ではなく「顧客が何を買いたいか」を問い、「これが私たちの商品やサービスです」と言うのではなく「顧客が探し、価値があるとし、必要としている満足がこれです」と言えなければならないと。

皆さんは営業訪問をしたお客様にどう言っていますか。「これが弊社の商品の特徴です」という言い方ではないでしょうか。ドラッカーは「あなたが必要としている商品がこれです」と言えなければならないと言うのです。このように言えるようになるには顧客のことを知り尽くしていなければなりません。何を知らなければならないか。顧客の現実、顧客のニーズ、顧客の価値、つまり現場のリアリティを知らなければならないのです。

そういう意味で、マーケティングとは机の上で行う市場調査ではないでしょう。もちろん、いろんなデータベースを使って市場や顧客のことを調査することは大切でしょう。しかし、本当に有効なマーケティングとは、顧客に寄り添い、その顧客の現実をつぶさに見て、顧客のニーズを知り、顧客が何を価値あると思っているのかを、我が事のように理解することなのです。

〈コラム〉“Concept”と“Percept”

私が企業のコンサルティングをしていて感じることは、多くの企業が商品開発や商品設計をするときに、統計数字や漠然とした市場のイメージだけをもとに「こんな商品を作るべきだ」というコンセプトワークに多くの時間を費やしていることです。ビジネスの世界ではなぜだか「コンセプト」（Concept）という言葉がよく使われます。

ここでも私は第1章で説明したドラッカーの特徴である“Perception”という言葉が頭に浮かびました。“Concept”も大事ですが、コンセプトワークの前に先《ま》ず顧客の“Perception”が必要なのではないかと。

前述したように、“Perception”は“Perceive”（知覚する、気がつく、理解する、看破する、悟るなどの意味）の名詞形です。“Perceive”という言葉はラテン語の“Percipere”からきており、これを分解すると、“per”は“thoroughly”という「完全に」とか「徹底的に」とかという言葉で、“cipere”は英語の“capture”（捕らえる、つかまえる）の語源の“capere”（つかむ）を意味します。

徹底的に顧客を把握することがマーケティングの第一歩なのだと思います。しかしそれは、アンケート調査などで出来るものではないことは明らかです。本当に顧客のそばに立ち、顧客に寄り添い、顧客のリアリティを感じるしかありません。

顧客を理解することは大切ですが、マーケティングだけではビジネスは成り立ちません。顧客を創造すること、つまり市場を創り出すことが企業の目的です。であれば企業が持つべき第二の機能はイノベーションになります。

ドラッカーは１９８５年に『イノベーションと企業家精神』というタイトルの、イノベーションと事業創造だけに焦点を当てた本を書いています。社会を命あるものとして見る。つまり、変化がこの世の常態であるとするドラッカーがいかにイノベーションを重視していたかがわかります。

前述したように、潜在的な需要を掘り起こしたものが大きな市場を作ります。従来にはなかった経済的満足をもたらすのがイノベーションです。イノベーションは何も技術分野の話だけではありません。ドラッカーは保険制度や割賦販売などを社会的・経済的イノベーションとして挙げています。昔は、不慮の事故を補償する保険制度もありませんでした し、割賦販売という方法もありませんでした。かなり昔の話ではありますが。

もう少し新しい日本の事例で言えば、狭い空き地に簡単な設備と自動代金受け払い機を置いて従来では何にも利用できなかった狭小地を駐車場にしたのも一つのイノベーションでしょう。この駐車場システムは、狭い土地の所有者と自動車を駐車したい顧客の両方のニーズを満たしました。

このように、社会のニーズをもとに、利益につながる事業機会を生み出すことがイノベーションです。企業の目的は「顧客満足」だけでは不充分。マーケティングとイノベーションで「顧客を創造する」、つまり新しい市場を生み出すことこそが企業の目的なのです。

そうであれば、これら2つの機能を特殊な部門の人の仕事として位置付けていてはいけません。すべての従業員の仕事が、最終的にマーケティングとイノベーションで「顧客を創造する」という企業の目的に向かって進むように位置付けられていなければなりません。特にイノベーションはイノベーションを担う特別な部門が担当するのではなく、販売・経理・人材管理などすべての部門の努力がイノベーションに係《かか》わり組織全体のイノベーションにつなげていく必要があります。

例えば、靴を販売するＡＢＣマートという会社は靴業界では一人勝ちの状況ですが、ＡＢＣマートは商品が魅力的というだけでなく、販売管理システムとその運用方法、海外の靴製造会社との関係性など、他社にはない仕組みを創っています。

（3）企業の管理的機能（administrative function）としての生産性

企業の目的である「顧客の創造」を成し遂げるためには、資源を有効に活用しなければなりません。資源を有効に活用することが企業における管理的機能（administrative function）です。この管理的機能の経済的側面を「生産性」と呼ぶのだとドラッカーは言います。企業社会には競争がありますから、生産性の低い会社は顧客が望む商品やサービスを顧客が支払ってもいいと思う価格で提供できなくなります。

ドラッカーは生産性を「最小限の労力で最大限の産出を得るための、すべての生産要素の組み合わせ」と定義しています。経済学では２００年以上前から経済活動には「人」「物」「金」の３つの資源が必要であると言われています。

しかし、生産性をあげる上で純粋に資源と言えるのは「人」だけです。土地や機械といった「物」はそのままでは土地や機械でしかありません。「お金」はそのままでは「お金」でしかなく、「物」はそのままでは「物」でしかありません。同じ「お金」や「物」から多くの産出を得るには人の知恵が必要です。労働力を機械に変えることによって生産性が大幅に高まることがありますが、それまでの労働力をどのように機械化するかの設計と実践には人の知恵と努力が不可欠です。このように、真の意味で資源と言えるのは「人」だけであり、成果をあげるためには人的資源の生産性をあげるしかないのです。

前述したように、ドラッカーは生産性を「最小限の労力で最大限の産出を得るための、すべての生産要素の組み合わせ」と定義しています。生産性といえば過去においては先ず肉体労働の生産性が焦点になっていました。つまり労働者一人あたりとか単位時間あたりの生産性を高めるといったことです。ドラッカーの生産性の定義はこれとは全く異なります。ドラッカーは生産性をあげるために考えるべき分野として次の5つを挙げて説明しています。

①知識労働の生産性
②時間の使い方
③製品ミックス

④プロセスミックス
⑤それら全体のバランス

現代において生産性を高める最大の機会は知識労働そのものの生産性にあります。知識労働者（knowledge worker）の割合が極端に増えているというのに、知識労働の生産性については充分な研究がなされていません。マネジャー、研究者、デザイナーなどの生産性をあげるには何をどのように考えればいいのでしょうか。知識労働者の生産性をあげることはドラッカー経営学においてのメインテーマの一つですから第2章の「2―5　仕事を生産的なものにし、働く人たちに成果をあげさせる」及び第5章で詳しく述べます。

次に時間という要素があります。設備や人材などの資源がフル活動するか半分しか活動しないかは生産性に大きな影響があります。時間に関して一番研究されていないのがマネジャーの時間だとドラッカーは言います。

また、製品ミックスとかプロセスミックスといったものも生産性に影響を及ぼします。例えば、いろんな種類の製品を作る場合にその全体の効率をどう考えるかといったことです。これは企業内部での話だけでなく、外部の企業をプロセス全体の中でいかに効率よく活用するかという問題も出てきます。製品を内製するのか外部委託するのか、流通を自前で行うのか外の企業を使うのかといったことです。これをドラッカーはプロセスミックスと呼んでいます。企業も個人もスーパーマンではありませんので、何もかもが得意というわけではありません。企業も個人も自分達ならではの能力を活かすこと（utilization of specific abilities）が大切になります。後で詳しく説明しますが、この「強みを活かす」というのがドラッカー経営学の一つの特徴です。

生産性についてはある一部の生産性を議論するのではなく、すべての影響要素を視野に入れて生産性を議論していかなければなりません。この「全体のバランス」というのもドラッカーの特徴です。社会や組織を生き物として見るドラッカーはすべてがつながっていると見ています。個々に最適なことを目指すことが必ずしも全体最適にはつながりません。この全体を見て調整するというのがマネジメントの一つの重要な役割なのです。

（4）利益が持つ機能（functions of profit）

これまで説明してきたように、企業が持つべき基本機能（basic functions）はマーケティングとイノベーションです。そして、企業は管理的機能（administrative function）によって生産性を高める必要があります。

では、利益はどのような機能を持つのでしょうか。利益は何かを引き起こす原因ではなく、マーケティング・イノベーション・生産性向上が機能した結果としてもたらされるものです。利益は企業の目的でもなく原因でもなく、企業活動によってもたらされる成果でしかありません。しかし、それは不可欠な成果であり、その成果である利益が経済的な機能を果たすのだとドラッカーは言います。

利益の第一の機能は企業活動の成果を測るということです。利益こそが企業の成果を測れる唯一の効果的な指標であり、利益という指標があるから企業は自らの活動をフィードバック分析することにより自動制御できるようになるとドラッカーは言います。

つまり、利益という企業の成果が悪いということは、マーケティング・イノベーション・生産性（管理的機能の経済的側面）という企業の3つの機能のどれか、もしくは全てが文字通りうまく機能しなかったということを意味し、いずれかの機能を修正していかなければなりません。利益という成果指標があるから修正ができるのです。

利益の第二の機能には将来の不確実性のリスクのための奨励金（premium）という意味合いがあるとドラッカーは言います。将来のより多くのよりよい仕事を生み出すために資本が提供されるのは利益が出ているからです。利益の出ない事業に資本は集まりません。

新しい仕事を生み出すための投資が増えるというのが経済成長の定義だとドラッカーは言います。これはもう少し説明が必要でしょう。私たちが農業に従事していた祖父母の代よりよい暮らしができているのは、より大変な仕事に耐えているからではありません。仕事はむしろ楽になっています。人間そのものは何も変わっていません。これほど楽にこれほど多くの糧が得られるのは、人材や仕事に投下された資本が比べ物にならないほど大きいからだとドラッカーは指摘します。

そういう意味では、社会の発展のためにも企業は利益をあげなければなりません。さらに、経済・社会の機能の中には経済活動の利益によってしか実現しないもの（行政サービス・義務教育・防衛など）があります。そして、経済活動を行っているのが企業です。多くの利益を出すことは決して恥ずかしいことではなく、利益を出すことは企業の責任なのです。

以上がドラッカーの利益に関する見解です。次に移る前にいままでのドラッカーの論理展開を整理しておきましょう。

組織は社会の一部ですから、どの組織にも社会に貢献するそれぞれの目的があります。

企業の目的は顧客を創造すること、つまり経済活動を通して市場を創り出すことです。その目的を達成するために企業は3つの機能を持つ必要があります。基本的な機能はマーケティングとイノベーションの2つです。また、企業の目的を達成するために資源を有効に活用する管理的機能があり、その経済的側面を生産性と呼びます。

利益は企業の目的を達成するための成果であり、利益という指標があるからフィードバック分析により自己の活動を修正するという自律機能を働かせることができます。この成果測定のための機能が利益です。

また、利益は将来の発展のためになくてはならないものです。さらに、企業が生産活動を通して利益をあげるから、行政サービス・義務教育・防衛といったサービスが提供されるのです。そういう意味では、利益をあげることは社会の中で唯一経済活動を行う組織としての企業の責任なのです。

まとめて言えば、企業には4つの機能（マーケティング機能・イノベーション機能、管理的機能・成果測定のための利益という機能）が必要だということなのです。

多くの人が利益をあげることが企業の第一の目的と勘違いしています。ビジネスとは「安く買って高く売ることだ」というようなとんでもない勘違いをしている人さえいます。

利益は企業存続の条件に過ぎず、経済活動を通して社会に貢献するという企業の目的を達成するための活動の結果でしかありません。多くの企業で、この結果目標にしか過ぎない利益目標が自己目的化しているからビジネスがうまくいかないのでしょう。

2―3　自社の目的と使命を定義することから始める

（1）「自社の事業は何か」という難問

ここまでのところで企業の3つの役割とその役割を果たすために必要な4つの機能についてのドラッカーの考え方がご理解いただけたと思います。では、企業の目的と使命をうまく果たすためには何が必要でしょうか。

当たり前のことですが、その企業が果たすべき目的と使命が明確になっていなければなりません。それぞれの企業にはそれぞれに特有の目的と使命があります。ドラッカーは自社の目的と使命がはっきり定まっていなければならない、つまり「自社の事業は何か、何であるべきか」の問いが先ず必要だと言います。

企業が果たすべき目的と使命が明確になっていなければ、企業はその時々の出来事のなすがままになります。また、自社が何であり、何を体現しようとし、どんな基本コンセプト、価値、方針、信条を持っているかが理解されていないと、合理的な自己変革もできないとドラッカーは言います。

起業家一人の会社であれば特別そのようなことを説明する必要はありません。一人で考え一人で実行すればいいだけです。ただ、企業は世代を超えて継承されていきます。一般的に企業では多くの人が働き、それも昔と違ってすべての階層に優れた人が存在し、それぞれに何らかの判断をしながら事業を行っています。組織の全員が共通のビジョンと認識を持ち、同じ方向に向かって努力するためには、企業の目的と使命、つまり「自社の事業は何か、何であるべきか」が明確になっていなくてはならないとドラッカーは言うのです。

目的と使命を明確に定めて初めて現実的な目標が浮かびあがり、その目標を土台にして優先順位、戦略、プラン、仕事の割り振りが可能になるのです。

ドラッカーは「自社の事業は何か、何であるべきか」をどのように考えるかについて、米国の電話会社であるＡＴ＆Ｔが１９００年頃に「当社の事業の本質はサービスである」と自社の事業を定義して成功した例や、アメリカの鉄道会社が自社の事業について真剣に考えなかったので衰退したといった例などを引き合いに出しています。

しかし、ドラッカーは「自社の事業は何か、何であるべきか」を明確にするのは極めて難しく、ほとんどの場合答えは明らかでないと言います。AT&Tが「当社の事業の本質はサービスである」という定義にたどりつくまでには何年もの歳月を要した上に、これが発表されると多くの人から激しい反発があったと説明しています。

「自社の事業は何か」という問いの答えを出すことが、経営トップが第一に果たすべき責務だが、この問いが持ち出されると経営層の意見の違いが明らかになり、長年一緒に働きお互いの考えを理解していたのに、あるとき突然同床異夢だったと気づかされ驚愕するとドラッカーは言います。

私はこの点を、現場を観察してきたドラッカーならではの鋭い指摘だと感じます。私は中小企業の経営コンサルティングを仕事にしています。相手の社長さんが性格も良く、価値観も似ていて、信頼できる人であり、かなり長い期間のお付き合いがあっても、この「事業とは何か」を真剣に議論するとお互いに考えていることのギャップの大きさに愕然とすることがあります。そして、最終的にそのギャップの大きさを埋めきれず、いくら人間的に尊敬できても最終的にその会社との関係を終わりにしなければならないことがあります。

ドラッカーは、「自社の事業は何か」という問いに唯一の正しい答えなどないと言います。それは、決して仮説や事実から論理的に導き出されたり、常識から出てきたりするものではない。「もっともらしい」答えや、時間をかけず痛みの伴わない答えはなんとしても避けなければならない。その答えを導き出すには、判断と相当な勇気が必要になると言うのです。

〈コラム〉「自社の事業は何か」を考えることの難しさ

ドラッカーの本を読んで影響を受け、「自社の事業は何か」について机の上でウンウン唸《うな》りながら考えても答えは見つからないでしょう。

ビジネススクールでも戦略論の最初に「自社の事業ドメインを定義しましょう」などと言われます。しかし、そんなことを机上で真剣に考えてみたその結論は、既存の事業を狭く定義して出口がなくなったり、既存の事業における本質的な機能を広く定義しすぎてその広すぎる事業領域に何をしていいのかわからなくなってみたり、さらには夢物語のような地に足のつかない議論に拡散して収拾がつかなくなってしまうのが落ちです。

例えば、ラーメン屋さんであれば、「美味《おい》しいラーメンを提供する」のが自分の事業だと思っている人もいれば、「ラーメンの提供を基本にしたサービス業」が我が社の事業だという人もいるでしょう。はたまた、「食文化を通した人類の幸福追求」を自分の事業と定義し、どんな分野にでも進出していこうと思う人がいるかもしれません。

しかし、このようなマニュアル通りの事業定義では「自社の事業は何か」を考えたことにはなりません。自社の事業の定義は、時代背景、企業が置かれた環境、その企業の得意分野、はたまた特に中小中堅企業にとっては、企業のトップの価値観、信条、能力、器などにも影響されるはずなのです。

(2)「顧客はだれか」「顧客はどこにいるのか」「顧客は何を買うのか」

「自社の事業は何か」という問いの答えを導き出すのはとても難しいが、答えを導き出す重要なポイントは顧客を起点にすることだとドラッカーは言います。企業の目的と使命に関して焦点となり出発点になるのは顧客だけです。「自社の事業は何か」の答えは、企業を外側から、つまり顧客と市場の視点から眺めることによってのみ導き出されます。そして、顧客にとって関心があるのは、顧客自身の現実、欲求、価値観だけなのです。

これもドラッカーの鋭い指摘であり、私たちが「自社の事業は何か」という難しい問いの答えを導くための道標《みちしるべ》を示してくれています。

事業を創り出してくれるのは顧客です。顧客が商品やサービスを買ってくれることによって事業は成立します。あなたの会社の顧客はだれであり、顧客の視点から見れば実は顧客はあなたの会社の何を買っているのかを冷静に客観的に真剣に考えることが、「自社の事業は何か」を考える出発点だとドラッカーは言います。「顧客はだれか」という問いにどう答えるかによって、企業が自社をどう定義づけるかが概《おおむ》ね決まってきます。しかし、これも簡単な問いでありません。

ドラッカーは米国のカーペット会社を例にとって顧客の見方について説明しています。住宅の床に敷くカーペットを販売するカーペット会社には、自宅購入者と住宅の分譲業者という2人の顧客がいます。当初カーペット会社は自宅購入者を対象顧客として見ていたが、住宅分譲業者を顧客として取り込まなければならないと気が付いた。住宅分譲業者の利益になるようにカーペットの敷き方や売り方を変えたり、カーペットへの支出は住宅購入代金の一部になるよう住宅ローンの保証を担う連邦住宅局に働きかけたりしてカーペット業界は再生したと説明しています。

「顧客はどこにいるのか」という問いも大切です。ドラッカーは米国の大手流通業だったシアーズの例を各所で引き合いにしています。シアーズが大きく躍進したのは、お店に行けない地方の農民に対して、カタログ販売という手法と仕組みを確立したからでした。その後時代は移り、地方の農民は自動車を持ち町まで買い物に行くようになりました。シアーズは顧客の居場所が変わったことに同業他社に先駆けて気付き、店舗の立地戦略で新たな成功を収めました。

顧客に関する最後の問いは「顧客は何を買うのか」です。ドラッカーは自動車のキャデラックを例にとって説明しています。キャデラックを買う人はキャデラックを移動手段として買っているわけではありません。ステータスとして買っています。であれば、キャデラックの競合相手は他の自動車ブランドではなく、ダイヤモンドやミンクのコートが競争相手になってきます。

私たちは「顧客にとっての価値」は品質と値段と考えがちです。結局は安くて良いものが売れるのだろうと思います。それも一理あることですが、顧客にとっての価値は品質と値段だけではありません。例えば、若い子はファッション性を重視して靴を買い、歳をとれば履き心地が最重視ポイントになります。顧客は常に合理的です。それぞれの現実と状況の中で合理的に行動します。

価格は価値の本質ではなく、副次的な制約要因でしかないとドラッカーは言います。若い子は自分のファッション性に合致した靴がほしいのです。自分の価値を満たしてくれるものであるならどんなに高くてもほしいと思うでしょう。しかし、現実にはあまり高すぎるとそれぞれの顧客の経済状態により手が出ない場合もでてきます。これが価格は副次的な制約要因でしかないという意味です。

顧客にとっての価値についてドラッカーはいくつかの例をとって説明しています。ゼロックスはコピー機ではなくコピーに課金した。顧客がほしいのはコピー機ではなくコピー自体です。

ブルドーザーの潤滑油を販売していた会社が潤滑油を販売するのではなく、メンテナンスサービスと潤滑油関連のトラブルに対する損失補償をセットで販売して成功した。つまり、潤滑油に関連するトラブルが原因でブルドーザーが稼働できなくなった場合はその損失をすべて補てんする。しかしその損失補てんの前提は、潤滑油の提供を含むメンテナンスサービスを前もって契約する必要があるという手法です。ブルドーザーの使用者が困っているのはブルドーザーが故障して仕事が出来なくなることであり、潤滑油そのものが欲しいのではないのです。

以上のように、ドラッカーにいくつかの視点を提供してもらうことにより、私たちの顧客を見る視点は広がるでしょう。しかし、それでもなお「顧客はだれか」「自社の事業は何か」を定義していくのは難しいと言わざるを得ません。いつも歯切れのよいドラッカー自身が「顧客はだれか」「自社の事業は何か」を定義するのは極めて難しいと言っているのですから、簡単にそれが見つかる方法などないのでしょう。

〈コラム〉　先ず自分を捨て、その次に自分について考える

私は中小企業の社長さんを相手に、会社の本社機能といわれる「戦略・企画」「人事・組織」「会計・財務」分野をサポートする経営コンサルティングという仕事をしています。もし私が「あなたの顧客はだれで、あなたの事業は何か」と問われれば、「私の顧客は中小企業の社長で、私の事業は経営コンサルティングだ」としか答えられません。

しかし、自分のこのコンサルティングという仕事を子細に眺めれば、ほとんどの顧問先において顧客は社長だけでなく、管理職を含めたマネジャー層になっています。そして、その顧客たちが私の何を買ってくれているのかということを顧客の視点で眺めてみると、決して私が提供する経営分野の知識や情報だけではありません。

顧客が買ってくれているものの一つは私の人柄でしょう。私は自分の人柄がいいなどと言うつもりは全くありません。冷たい性格ですし、人付き合いもうまい方ではありません。人が嫌がることをズケズケと言います。自分で自分の性格が嫌になることがしょっちゅうです。しかし、誠実に一生懸命に顧問先の会社の問題に向き合い、苦労を惜しまず一緒になって問題解決にあたるという姿勢は評価してくれているのではないかと思います。

もう一つ買ってくれているとすれば、複雑な問題を整理して問題の本質を指摘し、問題解決の優先順位をつけ、それが着実に実行されるよう道筋をつけ後押しをしていくという能力ではないかと思います。

このように顧客の視点で顧客が本当に買ってくれているものを考えてみて初めて、

自分はこれから自分の何を中核的な能力として大切にし、自分の何を磨いていけばよいのかわかったような気がしました。そして、このコンサルティング分野における中核的な能力が私の他の事業分野である教育研修や執筆でも活かされていることに気付きました。つまり、複雑な問題をわかり易く整理することです。しかし、このような考えに至るまでには私も長い年月が必要でした。

ただ、ドラッカーが言うように事業を定義してくれるのは顧客だとはつくづく感じます。前述した『財務3表一体理解法』という勉強法が生まれたのも、中小企業の社長の現実とニーズがあったからです。そして、この『財務3表一体理解法』のヒットがその後の私の会社の事業を定義づけてくれました。

私は、特に新しい事業を始めるときに机の上で長々と「顧客はだれか」「自社の事業は何か」を考えるのはあまり意味がないと思っています。「自社の事業は何か」を決めるには顧客の現実（reality）を知る必要があります。仮説ではなく現実が事業を作っていくのです（ただし、前述したように、ドラッカーは現実から論理的に導きだされる答えでもだめだと言っていますが……）。

もちろん、「自社の事業は何か」という問いの答えを出すために、自社が何であり、何を体現しようとしているのか、そしてそのベースとなる基本コンセプト、価値、方針、信条を確認することも大切でしょう。しかし、「自社の事業は何か」という問いの答えを出してくれるのは顧客です。先ずは顧客と一緒に、顧客と一体となり、顧客が抱えている問題を解決し、顧客の欲求を満たしてあげようとするとき、その企業が本当にやるべきことが見えてくるのだと思います。

私の経験だけからいえば、先ずは机の上で自分が何をやりたいかなどと考えるのをやめ、自分の基本コンセプトや価値や信条を捨て去り、顧客の現場に行き、顧客のことだけを真剣に考え、自分の好き嫌いや自分がやりたいことといった自分の「我」が完全に無くなったときに初めて、自分が顧客のために何をなすべきか、つまり「自社の事業は何か」が見えてきたような気がします。

企業、そしてあらゆる組織は、貢献によって評価されます。貢献以外は努力であって成果ではないとドラッカーは言います。企業は成果を出し顧客に貢献することによってだけ売上があがるのです。

自社が何をもって顧客に貢献できるのかがはっきりわかってから、その次の段階として、自社が何であり、何を体現しようとし、どんな基本コンセプト、価値、方針、信条を持っているかなどをもう一度考えることにより、その会社にあった本来の事業の定義が定まっていくのではないかと思います。

（3）「将来の事業は何か」「何を事業とすべきか」

ドラッカーは「自社の事業は何か」という問いを危機に瀕《ひん》してから考えたのでは遅すぎると言います。また、個人事業主は考える必要はないが、事業が成功したら考える必要があると言います。成功は新しい現実を生み出し、従来とは異なる独自の問題を引き起こすからです。そういう意味では、すべての企業において、目標が達成されたら「自社の事業は何か」を真剣に考える必要があります。

〈コラム〉目標達成が新しい現実を生み出す

私の会社では、2007年に出版した拙著『財務3表一体理解法』がベストセラーになってから会計研修の頻度が極端に増えました。現状における会計研修のニーズから言えば、営業マンと研修講師さえ雇えば売上はまだまだ増えるような気がします。

しかし、私は「自社の事業は何か」を考え、会計研修分野で売上を増やす道を選びませんでした。私がこなしきれない会計研修のニーズに対してはパートナー企業と組むことにより、その会社に会計研修の営業と実施をお任せしました。そして私の会社では、自分の中核的能力であり且つ顧客が私に期待してくれているであろうと思われる、複雑な問題を整理して問題の本質を指摘するといった分野に仕事を絞り込んでいくことにしました。

本書がまさにその実践です。本書は、ドラッカー経営学を理解するのが難しいと思っている人々にドラッカー経営学の全体像と本質をわかり易く伝えようとするものです。課題に対するアプローチの方法は『財務３表一体理解法』のときと全く同じです。

私は、会計研修で売上を増やすより、この道を選ぶ方が自分の持ち味を活かし、より社会に貢献できるのではないかと思いました。しかし、これが正しい選択だったかどうかはわかりません。私の持ち味と価値観を大切にして貢献に焦点をあてた上での選択です。小さな決断ではありますが、ドラッカーが言うように判断と勇気が必要でした。

ドラッカーは目標を達成したときに「自社の事業は何か」を見直すだけでなく、「将来の事業は何か」「何を事業とすべきか」を考える必要があると言います。それは、社会は変化するものだからです。「自社の事業は何か」という問いに対してどんなに素晴らしい答えを持ったとしてもそれはやがて時代遅れになります。

「自社の事業は何か」の次にくる問いである「将来の事業は何か」という問いは変化対応のための問いです。事業に大きな影響を与えそうな環境変化のうち、既に起きているものは何かを見極めることです。出発点は市場の可能性とトレンドです。また、経営層は現状の商品やサービスで満たされていないものは何かを自問すべきだとドラッカーは言います。

さらにその次の「何を事業とすべきか」という問いは、「将来の事業は何か」という問いとはその目的が違う問いです。「何を事業とすべきか」という問いは事業領域の線引きのし直しといった意味合いを持った問いだとドラッカーは言います。企業が長期的プランを考える上では、「何を事業とすべきか」を考えること、つまり事業領域の線引きのし直しが大切なのです。

その出発点は「どの新事業に参入しようか」でなく「撤退すべき事業、縮小すべき事業はどれか」です。目標を定め、戦略を決め、経営資源を集中して事業を前に進めていくためには、先ずは不必要になった事業から撤退したり縮小したりすることが肝要です。マネジメントの成果をあげる道はこれ以外にないとドラッカーは言います。先ず捨てなければ何も得られない。これはこの世の定めなのでしょう。

〈コラム〉　利益だけをもとにした事業領域検討の危うさ

現在私の会社は主に3つの事業領域で成り立っています。中小企業向けのコンサルティング、教育研修、そしてビジネス書の執筆です。利益の額や利益効率だけからいえば、コンサルティングが一番効率の悪い仕事と言えます。中小企業向けのコンサルティングは、手間と時間が膨大にかかるわりにはそれ相当の請求ができないのが一般的です。

利益率や効率の悪いコンサルティングの仕事を辞めれば、短期的に利益額も利益率も高まるでしょう。しかし、効率よく稼ぐことだけを考えて現場から離れてしまえば最終的に私の会社はなくなってしまうでしょう。なぜなら、教育研修やビジネス書執筆の重要なネタはほとんどがコンサルティングの現場の工夫や試行錯誤から生まれるからです。たくさんのビジネス書を読んだだけでは、教育研修の場で受講生の心に響く話はできませんし、読者に共感してもらえるビジネス書も書けないでしょう。

教育研修の対象となる受講生もビジネス書を読む読者も現場にいます。現場のリアリティから離れてしまえば何も生めなくなるのは明らかです。「顧客はだれか」「顧客は何を価値あるものとするか」が現場感覚でわからなければ何も始まりません。

現場を理解（マーケティング）した上で、どんな新しい価値が生めるか（イノベーション）が全ての基本です。ドラッカーが教えてくれている通りです。

2―4　成果をあげるための方法

(1) 目標の威力と目標を設定すべき8つの分野

組織は自らの目的と使命を果たさなければなりません。それぞれの企業にそれぞれ特有の目的と使命があります。それを定義するための問いが「自社の事業は何か」です。企業が目的と使命を果たすには先ず自社の事業を定義しなければなりません。

しかし、自社の事業を定義したからといって成果があがるわけではありません。成果をあげるには目標を明確にしなければなりません。そうでなければ、事業の定義、目的、使命はどれもお題目になってしまいます。ドラッカーは目標を定める分野として次の8つを挙げています。

「目標を定める分野は8つある」と唐突に言われると、「なんで8つなの?」と思ってしまいますが、ドラッカーの論理は一貫しています。次ページの図のように分類して理解するとわかり易いでしょう。

①マーケティング
②イノベーション
→ 顧客を創造するための２つの基本機能

③人
④物
⑤金
→ 生産の３要素

⑥生産性
→ 企業の管理的機能（生産性）

→ ３つの機能

⑦社会的責任 — 社会的責任
⑧必要利益 — 結果を測定する機能としての利益

→ ３つの役割

右図の一番下から見ていきましょう。企業には次の３つの役割があると説明しました。

Ａ　目的と使命を果たす
Ｂ　生産的な仕事と従業員の達成
Ｃ　社会的責任

Ｂの「生産的な仕事と従業員の達成」には２つの意味合いがあり、その一つは「成果をあげるために組織を生産的にすること」だと言いました。また、顧客の創造という企業の目的を果たすために、企業は次の３つの機能を持つ必要があると説明しました。

Ⅰ　マーケティング機能
Ⅱ　イノベーション機能
Ⅲ　企業の管理的機能

Ⅲの「企業の管理的機能」を経済的側面から見れば生産性になるわけですが、生産性をあげる上での資源の管理という意味で資源には人・物・金の３要素があります。これら人・物・金の3つのそれぞれの目標と、これら3つの生産要素の組み合わせという意味での生産性の目標があります。次が企業の3つ目の役割である社会的責任に関する目標です。そして最後が、企業の存続の条件としての、また事業活動を行うための必要利益としての目標です。このようにドラッカー経営学は論理的につながっているのです。

目標というもの自体の定義とその使い方についてもドラッカーはわかり易い説明をしてくれています。目標は常に期待にもとづいており、期待は情報にもとづいた推測にしかすぎません。そういう特徴において、目標とは企業がコントロールできない外部要因をどう評価（appraisal）しているかの表れだというのです。外の世界は常に変動しています。つまり、もし大きな変動がなければこれくらいのレベルは達成できると期待もしくは推測しているのが目標です。

ドラッカーはこのことを航空機のフライトプランと実際の運航を例にとって次のようにわかり易く説明しています。航空機にはフライトプランという目標があります。それは、外部に大きな変動要因がなければ目的地にこれくらいの時間で到着するという目標です。これが外部要因についての評価（appraisal）という意味です。ただ、例えば乱気流が発生したなどの外部要因の大きな変動があれば、それをもとにまた新たなフライトプランを作りなおします。つまり、目標は確実に達成できるものではなく、むしろ方向性を示したものです。命令ではなく「約束であり責任」(commitment)であるとドラッカーは言います。

ビジネスにおける目標は、将来を決定づけるものではなく、将来を切り開くために経営資源を結集し、熱意を引き出すための手段だとドラッカーは捉えています。

(2) それぞれの目標設定とそのポイント

目標設定の中心はマーケティングとイノベーションです。この２つの分野の成果に対して顧客は対価を払うのです。８つの目標のうちの他のすべての分野の目標は、この２つの目標達成を支えることが行動目標となります。

マーケティングの目標設定の説明は『マネジメント』に書かれている内容より『現代の経営』に書かれている内容の方がわかり易いので、『現代の経営』に書かれている内容を解説します。

ドラッカーはマーケティングの目標を考える上では、売上の数字そのものには意味がなく市場におけるシェアーに注目すべきであるという考え方をとっています。先ず必要なのは集中化と市場での地位についての意思決定です。

目覚ましい成果をあげている企業は例外なくどの分野に重点を置くべきかを考え抜き結論を出してきているはずだとドラッカーは言います。利益は、市場が価値あるものとし、進んで対価を支払うものを供給することによってのみ得ることができます。そして、その価値あるものとは、リーダー的な地位によってのみ実現されるとドラッカーは言うのです。

経営資源が限られている以上、分野を絞り込まないと成果は出せません。もちろん集中化戦略には大きなリスクを伴いますが、集中化戦略を採らない限りマーケティング目標もイノベーション目標も、経営資源を成果に結びつける形で配分することはできないのです。

市場シェアーが小さい企業は生き残りが難しいと言えます。ただ、全ての企業が市場リーダーにはなれませんので、どの市場セグメント、商品・サービス、価格においてリーダーを目指すのかという判断が必要となります。

〈コラム〉　ビジネススクールで習うＳＴＰ戦略

ドラッカーが言う集中化と市場での地位に関する戦略論がビジネススクールで学ぶＳＴＰ戦略です。ＳＴＰとは次の３つの単語の頭文字をとったものです。

表　パナソニックのコンピューター事業ポジショニング

デスクトップ	ラップトップ	モバイル
		軽量、長時間稼働の電池、頑丈

●Segmentation（市場の細分化）
●Targeting（標的市場の決定）
●Positioning（勝つための特徴づけ・差別化　→　リーダー的存在になれる）

どのようなビジネスを行うにせよ、だれをターゲットにし、どのような武器（特徴・差別化要因）で戦うのかを明確にしなければなりません。このＳＴＰ理論を具体的な例で説明するには、少し古い例になりますがパナソニックが造っているパソコン「Let's note」がわかりやすいでしょう。パナソニックはパソコンメーカーとしてはかなり後発です。パナソニックはパソコン事業をスタートするにあたりＳＴＰ理論にのっとった考えをしたと思われます。

パソコンの市場は上の表のように大きく分けて、デスクトップ、ラップトップ、モバイルの３つに分類できます。この中でパナソニックがパソコン事業をスタートした頃の市場環境としては、無線ＬＡＮ環境の整備、ＳＯＨＯ（Small Office Home Office）といわれる個人事業主の拡大、ＩＴを使ったコンサルティング営業の増加などの影響で、モバイルの市場がどんどん膨らんでいました。

このモバイルの市場で何が大切かというと、軽量で電池が長持ちし、頑丈であるということです。ここはパナソニックの開発力を活かし、１kgを切る重さで、電池寿命も6時間を超え、自動車のボンネット構造を応用した頑丈なパソコンが開発されたのです。パナソニックはパソコンでは後発ながら、モバイルの分野で見事に成功しました。

市場における地位についての目標を設定するためには、最初に何が自分の市場であるか、だれが顧客であるか、どこに顧客はいるか、顧客は何を買うか、顧客は何を価値あるものとするか、顧客の満たされない欲求は何かを知る必要があるとした上で、具体的に次の7つの分野について目標が必要であるとドラッカーは言っています。

①現在の市場における既存の商品やサービスの地位
②新しい市場における既存の商品やサービスの地位
③廃棄すべき既存の商品やサービス
④現在の市場における新商品や新サービスとその地位
⑤新商品や新サービスをもって開発すべき新しい市場での地位
⑥以上のマーケティング目標を達成するために必要な流通チャンネル及び価格政策
⑦自社の商品やサービス、流通チャンネル、サービス網によって提供するサービス

以上の目標設定に関してもドラッカーの考え方は論理的です。次ページの図を使って説明しましょう。

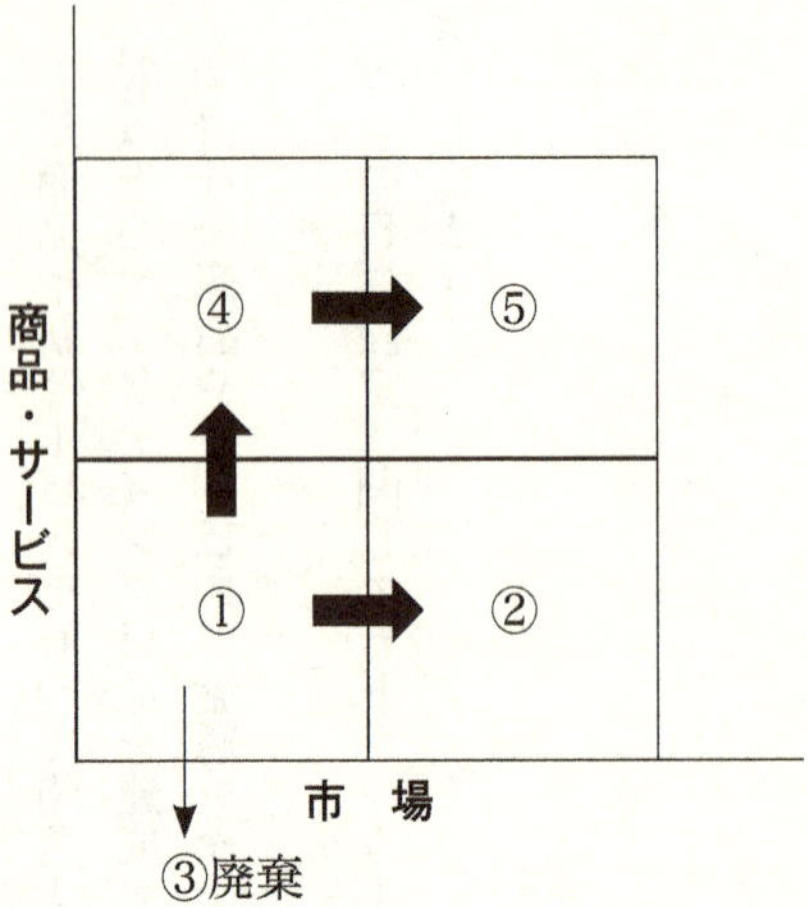

先ずは現状の商品やサービスの現状の市場での目標を立て（①）、次に現在持っている商品やサービスを使って新市場を開拓する目標を立て（②）、次に現在の商品やサービスの廃棄を行った上で（③）、現在の市場における新商品・新サービスを検討し（④）、その新商品・新サービスで新しい市場を開拓する目標を立てる（⑤）。これらの目標達成のための流通チャンネルや価格戦略を考える（⑥）と同時に提供するサービス全体について考える（⑦）。この⑦の目標の中にある「サービス」という言葉には接客サービスだけではなく、約束する納期、保証方針、支払条件など広範囲な意味合いでのサービスが入っていることは間違いありません。

2番目のイノベーションの目標設定についても、『マネジメント』に書かれている内容より『現代の経営』に書かれている内容の方がわかり易いので、『現代の経営』に書かれている内容を解説しておきます。

イノベーションの目標の対象は業界や会社によって大きく異なりますが、イノベーションの目標を設定する上では次の２つのことを考える必要があるとドラッカーは言います。

①マーケティングの目標を達成するためにどんなイノベーションが必要かを予測する
②事業のあらゆる領域において、技術の進歩によってもたらされる変化を予測する

そして、以上の予測を時間軸について分類する必要があるとドラッカーは言います。すなわち、すでに行われたイノベーションがもたらす変化についての予測と、あるべき姿を志向する長期の予測です。そうした上で、イノベーションの目標には次の５つが必要だと述べています。

①市場における地位を達成するために必要な新商品・新サービス
②現在の商品やサービスの陳腐化に伴って必要になる新商品・新サービス
③技術変化に備えるための商品・サービスの改善

④コスト上必要な生産プロセスの改善など、プロセス改善と新しいプロセス
⑤経理、設計、事務管理、労使関係など、事業に係るすべての分野における知識や技能の進歩にあわせたイノベーションと改善

以上のようにイノベーションの対象は新商品や新サービスだけでなく、事業全般に及んでいることがわかります。また、ドラッカーはイノベーションの必要性は、特に技術変化が劇的でないような事業において強調すべきだと言います。そのような事業は組織全体が硬直化する危険性が大きいからです。なお、イノベーションの能力をどうやって身に付けるかについては第4章で詳しく説明します。

マーケティングとイノベーションにおける目標設定の次は、目標設定が必要な分野の3番目から5番目です。つまり、生産の3要素である人、物、金の獲得と活用及び生産性に関する目標です。

この3つの経営資源のうち人と金の2つの資源の獲得についてはマーケティング的な発想が必要な分野だとドラッカーは言います。つまり、どのようにすれば必要な人や金が集まるのかを考えなければなりません。業界が衰退する場合、初めに現れる兆候は優秀な人

材に振り向いてもらえなくなることです。また、「自社に必要なのは何で、その獲得のためにどれだけの金が必要か」という発想と同時に「自社が入手できるのはこれだけである。ここから最大限の成果をあげるには、どのような会社を目指し、どう行動すべきか」という発想が求められるとドラッカーは言います。

今から約40年前に書かれたドラッカーの書籍では、生産の３要素である人、物、金について触れられていますが、現代においてはいかに必要な情報を集めそれをいかに効率よく活用し生産性をあげていくかという観点も必要でしょう。

６番目は生産性についてです。実はこれこそが経営陣の腕のみせどころだとドラッカーは言います。組織の仕事は経営資源から成果を生み出すことです。生産性こそがマネジメント層の質を測る最も適切な尺度です。なぜなら、生産性には企業の努力がすべて映し出されるからです。企業間の差を生み出すのは、あらゆるマネジメント階層の質の差であるといえます。人・物・金のそれぞれに、そしてその全体としての生産性に関する目標が必要です。また、生産性についてはいくつも尺度を持つべきですし、人・物・金トータルでの生産性が大切になるとドラッカーは言います。生産性の目標は企業にとって極めて重要なものです。生産性の目標がなければ企業は指針を持たないのと同じですし、生産性の尺度がなければコントロールを利かせようがありません。

7番目の社会的責任は、企業の存亡がかかった重要なテーマです。企業の社会的責任については第2章の「2―6　企業の社会的責任」で別途詳しく説明します。

最後の8つ目の必要利益とは、以上の7つの目標を達成するために必要な利益はどれだけかという考え方です。以上の7つの目標を達成するにはコストがかかります。そのコストを賄うためには利益が必要です。利益計画は必要ですが、それは意味のない「利潤の最大化」というような目標ではなく、以上の7つの目標を達成するための必要最低限の利益についての計画です。

しかし、必要最低限の利益というのは、実際の企業が出している利益や多くの企業が設定している利益目標をはるかに上回る金額かもしれないとドラッカーは指摘します。ドラッカーはほとんどの企業が、マーケティングやイノベーションや生産性向上といった企業としてやるべきことをやっていないと言いたかったのでしょう。

〈コラム〉　ドラッカーは会計が苦手だったのか

ドラッカーの書籍の中に会計に関して述べた部分が少ないので、ドラッカーは会計分野が得意ではなかったと言ったりする人がいますが、それはまったく的外れな指摘です。

『マネジメント』という本の中に書いてある、最小限の収益性としての資本コストの考え方や、インフレ期の減価償却についての考察（インフレ期の貨幣価値が小さくなっていく状況では、既定の減価償却費の額ではすぐに不充分になる）などを読むと、ドラッカーの会計分野への理解と洞察の深さが窺《うかが》えます。

ドラッカーは、マネジメントの科学と言えるものは複式簿記会計とそこから派生した手法しかないと言います。複式簿記会計のシンプルさ、正確さ、実用性に太刀打ちできるマネジメント・ツールはないと断言し、複式簿記会計の価値を高く評価しています。ドラッカーほどの知性の人が会計の仕組みを理解していなかったはずがありません。

（3）目標どうしのバランスと予算、そして実践

以上が目標を設定すべき8つの分野のそれぞれの説明です。ドラッカー経営学の特徴はものごとを全体として見るところです。ドラッカーは目標は個々に設定するだけでなく以下の3つのバランスが必要だと言います。

①目標と現実的な収益性とのバランス
②短期と長期のバランス
③目標間のバランス

目標は互いにバランスがとれていなくてはなりません。ある目標を達成しようと思えばその影響でほかの項目の目標達成が阻害されることがあります。特に組織は短期と長期のバランスを常に考える必要があります。短期的な目標を達成するためにある程度長期的な目標を犠牲にする必要があるかもしれません。また、その逆の場合もあるでしょう。

どうバランスをとればよいかなどという方程式などありません。望ましいバランスはそ

のときどきで変わります。目標を設定するには、どこでリスクをとるかについての決断を迫られるのだとドラッカーは言います。

調和のとれた目標を設定するための主観を取り除いた表現の道具が予算です。予算は貨幣価値で表されます。貨幣価値で表されるので予算管理は財務プロセスと見なされますが、意思決定そのものはリスクを伴う判断だとドラッカーは言います。

予算の中で特に大切なのが、研究活動、人材開発、顧客サービス、広告などの管理支出（managed expenses）と言われるものと設備投資（capital expenses）の２つだとドラッカーは言います。なぜなら、この２つだけがコントロール可能な予算だからです。変動費はコントロールできません。変動費は生産量に比例するものです。過去の判断による固定費（減価償却費、損害保険料など）も基本的にコントロールできないものです。

コントロールできるのは将来に向けた支出である管理支出と設備投資だけであり、この２つにリスクを伴う経営判断が反映されるのです。つまり、この２つには経営陣の優先順位が反映されます。優先順位をつけることはリスクを伴う決定です。

以上で目標設定が完了ではありません。最終のステップが残されています。実践です。目標が決まったらそれをもとに行動しなければなりません。目標は勉強のためではなく、行動のためにあります。

目標設定の目的は組織の活力と経営資源を適切な結果を生み出す活動に集中させることだとドラッカーは言います。業務分析の最終成果物は業務プログラムと割り振られた業務課題であり、そこには明確なゴール、期限、責任が示されていなければなりません。目標は行動に移されなければ目標ではなく、行動を伴わない目標は単なる夢にしかすぎません。

以上が目標に関するドラッカーの見解です。このドラッカーの目標に関する説明を読むと、多くの企業で行われている売上目標や利益目標に関する議論がいかに馬鹿げたものであるかがわかります。売上は顧客が決めるものですし、利益は活動の結果としてもたらされるものにすぎません。設定すべきは、売上や利益の原因となるマーケティング、イノベーション、生産性に関する具体的な目標です。

企業は自分が定めた事業分野において、マーケティングとイノベーションによって顧客を創造することでしか売上をあげることはできません。この顧客創造のためにマーケティングとイノベーションと資源（人、物、金）の活用と生産性についての目標を定めるのです。そして、これらの目標達成のための活動にはコストが発生します。このコストを賄うための利益が企業には必要なのです。

〈コラム〉　経営とは勇気

ドラッカーの書籍を読んでいると、経営にとって大切なのは勇気だとつくづく感じます。経営には重要なところで必ずリスクを伴う判断が必要になってきます。

ドラッカーがリスクの伴う判断が必要だと指摘したところをリストアップすれば、「自社の事業をどう定義するか」、「目標設定においてどこに集中するか」、「目標間のバランスをどうとるか」、「長期と短期の時間軸のバランスをどうとるか」、「管理支出と設備投資の優先順位の決定」などです。

どれをとっても何かを選びとらなければなりません。何かを選びとるとはそれ以外のものを捨て去ることです。これらの意思決定に唯一絶対の正しい解などありません。経営者が意思決定をし、その結果に責任をとるのです。

2―5　仕事を生産的なものにし、働く人たちに成果をあげさせる

(1)「仕事」と「労働」の違い

ここからは組織の役割の2番目である「仕事を生産的なものにし、働く人たちに成果をあげさせる」ことについて詳しく説明していきます。53ページで、「仕事を生産的なものにし、働く人たちに成果をあげさせる」には2つの意味合いがあると言いました。一つは成果をあげるために組織を生産的にすることであり、もう一つは仕事を生産的なものにすることによって仕事を通して従業員を幸せにするということです。

組織の役割の2番目である「仕事を生産的なものにし、働く人たちに成果をあげさせる」について、これまでの説明は1つ目の意味合いである「成果をあげるために組織を生産的にする」ことを中心に説明してきました。ここからの話は2つ目の意味合いである「仕事を生産的なものにすることによって仕事を通して従業員を幸せにする」ということ

について解説します。

ドラッカーは、組織はそれぞれの組織の目的と使命を果たすだけでは充分ではないと考えています。多くの人が組織で働く時代になり、組織で働く従業員を組織が幸せにできなかったら組織の存在意義はないと考えているのです。

組織で働く人間のことを考える上で、先ず「仕事」と「労働」の違いに関するドラッカーの考え方を理解しておいていただきましょう。仕事（work）は人間と切り離し抽象化できます。すなわち、「もの」に近いイメージとして捉えられます。一方、労働（working）は人間によってなされます。労働は人間特有の活動であり、生理、心理、社会、経済、権力などと係る活動だとドラッカーは言います。

仕事の生産性を高めるために必要とされることと、従業員を幸せにするために必要なことは異なります。54ページで「組織の成果を高めるために仕事を仕事の論理に従って組み立てることは第一段階にすぎません。はるかに難しい第二段階は、仕事を人間に適したものにしていくことです」と述べたのは正にこの「仕事」と「労働」の関係について言っているのです。

仕事の生産性があがっても従業員が幸せでなければマネジメントは失敗ですし、従業員が満足していても仕事の生産性があがらなければ、それもまたマネジメントは失敗だとドラッカーは言います。

組織は「仕事」と「労働」の2つを同時に取り扱わなければなりません。仕事の生産性をあげると同時に従業員を幸せにすることが組織の果たすべき役割です。組織は「仕事」と「労働」を統合させなければならないのです。

（2）知識労働者をマネジメントすることの難しさ

今からほんの100年程前までは、人口の大多数は単独あるいは少人数のグループで仕事をしていました。しかし、現代では多くの人が組織で働いています。そして、労働人口の主体は、肉体労働者から知識労働者に移行しています。ここからは組織で働く知識労働者を主体にして説明していきます。

過去において、肉体労働の生産性をいかにあげるかということについては盛んに研究されましたが、知識労働の生産性をいかにあげるかについては充分な研究がなされていません。知識労働の生産性や知識労働者の達成意欲をどう押し上げるかは、これからの知識社会における中心的テーマだとドラッカーは言います。

知識労働の生産性をどう測定するかはおろか、定義さえまともにできていないとドラッカーは指摘します。営業担当者の生産性はどう測ればいいのでしょうか。売上高でしょうか、利益でしょうか。それらは担当する製品ミックス、担当する市場規模、担当する顧客の質によっても異なります。これらの影響をどう考えておけばいいのでしょうか。はたまた、営業担当の生産性を決めるのは、既存顧客のつなぎとめでしょうか、それとも新規顧客の獲得でしょうか。

このように、知識労働の生産性を定義し測定するのは肉体労働のそれよりはるかに複雑です。エンジニアや研究者やマネジャーについては極めて難しく、教師にいたってはほぼ不可能ではないかとドラッカーは言います。

知識労働者の達成感を定義することはさらに難しいといえます。仕事内容、成果、社会的地位、誇りなどのうち何が本人に満足をもたらしているか、また「貢献している」「成果をあげている」「自己満足している」などといった感覚が何であるかはその本人にしかわからないのです。

今日の先進国では、一昔前にくらべれば経済的な豊かさと安定が実現されています。それでもなお多くの人が経済的な報酬への関心を失ってはいませんが、明らかに経済的な報酬以上のものを仕事に求めるようになってきています。生活の糧を得るだけではもはや充分ではなく、仕事が人生自体の幸せを作るものでなくてはならないのです。

人は、仕事が心理的・社会的満足を与えてくれることを期待しています。仕事は必ずしも楽しくなくてもいいが、達成感を得られることを期待しているのだとドラッカーは言います。なぜ達成感なのかは後程詳しく説明します。

(3)「仕事」に適用できる論理

前述したように、仕事(work)は人間と切り離すことができ、抽象化できる「もの」に近いイメージです。「もの」に近いのであれば「もの」に適用できるルールが使えます。つまり、仕事には論理があり、仕事は「分析」「統合」「コントロール」を必要とするとドラッカーは言います。

仕事の生産性をあげるには、先ず一つひとつの仕事を分析し、その分析したものを再び統合して業務プロセスにまとめあげなければなりません。仕事とは個々の作業ではなく一連の業務プロセスを指します。そして、その業務プロセス全体を適切にコントロールすると同時に期待される結果と現実の結果を比較してさらに改善していくフィードバックの仕組みが組み込まれていなければならないのです。

さらに、ドラッカーはこれに付け加えて4番目として適切な「ツール」を用意しておかなければならないと言います。

また、「分析」「統合」「コントロール」という3つの基本要素の前に重要な第一のステップが抜け落ちていることが多いと指摘します。それは、求められる成果が何かを見極めなければならないということです。仕事を分析する前に「何を生み出そうとしているのか?」「そもそも何が仕事なのか?」を問いかけなければなりません。仕事は最終成果、アウトプットを出発点に据えなければならないのです。

例えば、家族全員で家の大掃除をすることを考えてみましょう。先ず、大掃除といった場合の最終成果を明確にします。お父さんとお母さんでは大掃除における最終成果のイメージが異なることがあるかもしれません（我が家ではそんな認識違いがしょっちゅうです）。次にはどんな仕事があるのか分析します。窓掃除、家具の拭《ふ》き掃除、床掃除、トイレ掃除、洗面所掃除、台所掃除などです。このとき、掃除に必要な「ツール」も準備しておかなければなりません。

次にこれをどのような順番でだれが行うのかを決めていきます。分析したそれぞれの仕事を業務プロセスに統合していくわけです。当然ほこりは上から下に落ちてきますから、床掃除の前に家具の拭き掃除をした方が効率的です。各人が各自の部屋を自分で掃除するという業務プロセスを組むこともできます。しかし、窓掃除と床掃除は掃除に使う道具が違います。生産性を考えれば、各自が自分の部屋を中心に掃除をするという業務プロセスより、それぞれが同じ種類の仕事を担当するという仕事の仕方の方が効率が上がるかもしれません。

そして、決められた業務プロセスがうまく進むようにコントロールします。窓の高い所や家具の上の方は小さい子供では手が届きませんので、互いに手伝いながら掃除をするように調整する必要があります。また、掃除をしても十分に綺麗《きれい》になっていないところはやり直すか違う人にもう一度やってもらう必要があるかもしれません。このようにして、計画した業務プロセス全体をコントロールしたり、フィードバック管理することでさらに生産性を高め業務の質をあげていくわけです。

論理思考の3要素、「分析」「統合」「コントロール」、これを仕事の生産性をあげるという観点で少し表現を変えると「分析」「業務プロセスへの統合」「フィードバック管理」となりますが、この3要素は知識労働においても重要です。

ただ、知識労働は肉体労働とは違います。知識労働は直接製品を生み出すわけではありませんから成果が目に見えません。知識労働の成果はだれか他の人の知識への貢献であり、知識労働のアウトプットは必ずだれか他の人のインプットになるのだとドラッカーは知識労働の本質を鋭く指摘します。

知識労働のアウトプットは目に見えない。そもそも成果があったかどうかもわからない。知識労働のアウトプットはその性質上、必要とされる成果からさかのぼってみないと見極められないのです。

また、知識労働は形がないため進行に従って管理することもできません。肉体労働の作業手順はフレデリック・テイラーなどの研究者のお陰で理解できるようになりましたが、知識労働の作業手順はわからないままです。だからこそよい設計が必要なのですが、それは他人には設計できません。知識労働の作業手順は知識労働者自身が決めるしかないのです。ドラッカーが自己管理を大切にする理由がここにあります。

(4)「労働」の5つの側面

一方、「労働」は労働者が行う活動です。それは人間による活動であり、人間性の重要な一部でもあります。ドラッカーは、「労働」に論理はなく、力学（dynamics）と側面（dimensions）があるだけだと言います。そして、少なくとも5つの側面があるとして次のように説明します。

第一の側面は生理的側面です。機械が得意とするのは単純作業の繰り返しです。あらかじめ決められた順序で一定のスピードと周期を保つのが効率的です。一方、人間は調整力に優れ、気付きを行動に結び付けることができます。人間は人間のすべて、つまり筋肉、五感、心などを総合的に発揮する仕事に向いています。また、人間はいくつもの業務を組み合わせて行うのが適していて、スピードや周期を頻繁に変えられる状況が最も働きやすい。同じスピード、同じ周期、集中力持続時間だけを押し付けられると、疲労、反発、怒り、憤りを感じます。「仕事」は均一に設計しなければなりませんが、「労働」は多様性の度合いに配慮して組み立てなければなりません。労働には、スピード、周期、持続時間などを自由に変えられるゆとりが必要なのです。

第二の側面は心理的な側面です。仕事は人間にとって重荷でもありますが必要なものでもあります。失業した人は心理的に深刻な不安に陥りますが、それは経済的に困窮するからというよりも、自尊心が傷つくからだとドラッカーは指摘します。仕事は自己実現の場であると同時に、人は仕事を通して自分を定義し、自分がどれだけ価値があるかを測るのです。未来学者は働かなくてもよい社会を予測しますが、そうなれば多くの人は人格的に深刻な危機に陥るだろうとドラッカーは言います。仕事を通して人の心理的欲求をいかに満たしていくかが課題なのです。

第三の側面は社会的側面です。仕事には社会や地域とのつながりを築くという側面があります。仕事は社会における位置づけまで大きく決めてしまいます。「医者です」「配管工です」といった言葉は、社会における位置づけや地域における役割を表しています。さらに重要な点として、集団に属したいという太古からの人類の欲求を満たす手段が仕事であるとドラッカーは言います。たいていの人は仕事を通して家族以外の社会とのつながりを作り、そのつながりは時として家族より重要なことがあります。

第四の側面は経済的な側面です。仕事が生計の手段であることは説明の余地がないでしょう。

第五の側面は権力の側面です。組織の中で働いていれば力関係が必ず存在します。組織の中には必ず権力を持った者が存在します。組織のメンバーは別の誰かの指示に従わなければなりません。組織においては、仕事を設計し、割り当て、決まった順序に従って、スケジュール通りに進めなければなりません。また、人は昇格させられたりさせられなかったりします。つまり、権力がだれかによって行使されなければならないのです。「組織は人間を疎外する」という言葉は正しいとドラッカーは言います。権力は仕事に欠かせない要素です。それは、生産手段の所有とも民主主義とも関係ない、組織として切り離せない事実なのです。

以上がドラッカーの説明する「労働」の5つの側面の概要です。では、これら5つの側面をどうマネジメントしていけばいいのでしょうか。マルクスほかの大多数の経済学者は、経済的側面を最重視していました。ホーソン工場での生産性の研究で有名な人間関係論を展開したエルトン・メイヨーは心理的・社会的側面を最重視していました。しかし、ドラッカーはこれら5つをまとめてマネジメントする必要があると言います。

まとめてマネジメントするといっても、すべての側面が同じ方向性を持っているわけではありません。ある側面の欲求が他のものとはまったく異なることもあります。また、5段階欲求説のマズローが示したように、欲求は絶対的なものではありません。さらに言えば、欲求というものは満たされる過程で変容していくものです。経済的側面が満たされるとそれへの欲求は低下し次の違った欲求が出てきます。

また、組織の中でよく目にする例は、同じ地位にある人間がわずかばかり賃金に差をつけられただけで怒ったり、妬《ねた》んだり、落胆する例です。問題は賃金の絶対額ではなく、賃金の格差にあります。賃金は経済的側面よりむしろ社会的・心理的側面に深く関わっているのです。

これら労働の諸側面とその相互関係についての知見はまだ充分に出そろっているとは言えません。あまりに複雑で分析しようがないのが現実なのでしょう。何に対しても明確に断言するドラッカーが、この人間的な側面については「少なくとも5つの側面がある」と表現していること自体に、ドラッカー自身がこの人間的側面を非常に複雑だと感じていたことが表れているように思えます。

しかし、それがいくら複雑だとしても、組織はこの人間の諸側面を考慮に入れ、解決策もしくは妥協策を見出《みいだ》しながら、仕事の生産性をあげると同時に従業員に達成感を得させなければならないとドラッカーは言います。マネジャーはそれぞれの人の欲求が何であるかを理解しなければならないのです。

人間をモノとして見るような過去の手法では成果は出ないのは明らかです。この人間の諸側面を考慮に入れた、新しいアプローチ、新しい原則、新しい手法を生み出すことが現代の組織の課題なのだとドラッカーは指摘します。逆にいえば、この誰も明快な答えを持っていない課題で成功を収めることが組織の成功につながるといえるのでしょう。

（5）なぜ従業員の達成（worker achieving）なのか

上田惇生氏が「働く人たちに成果をあげさせる」と訳している部分の原文は（worker achieving）です。直訳すれば「従業員の達成」です。ドラッカーはなぜ「成果」や「達成」を重視するのでしょうか。仕事の生産性をあげるためには従業員が何かを達成し成果をあげてくれなければなりません。しかし、組織の成果や生産性をあげるためだけに従業員の達成を重視しているのではありません。

ドラッカーは、従業員自身が仕事を通して達成感を得ることを望んでいるからだと言うのです。ドラッカーは労働に関するいくつかの理論を引き合いに出しています。マズローの5段階欲求説、マクレガーのXY理論、ハーズバーグの2要因理論、マクレランドの欲求理論などです。これらの理論を引き合いに出しながら、従業員が仕事を通して満足を得る一つの重要なキーワードが「達成」であるとしています。

〈コラム〉 モチベーションに関する理論について

ドラッカーの書籍の中ではこれらの理論について細かい説明はしていませんが、ドラッカー経営学を理解するにはこれらの理論についてもその概要を理解しておいていただいた方がよいでしょう。

マズローの５段階欲求説は有名です。人間の欲求は「生理的欲求」→「安全欲求」→「社会的欲求」→「承認欲求」→「自己実現欲求」と低次なものから高次なものと進んでいくという考え方です。

マクレガーは２つの異なる人間観とそれに対応するマネジメントスタイルを提唱しました。X理論は、そもそも人間は怠惰で働くのが嫌いなためアメとムチでうまく使いこなさなければならないという考え方。Y理論は、そもそも人間は働きたいという心理的欲求があり、達成感や責任を求める存在であり、自ら目標を設定したり自己管理したりすることが大切だとする考え方です。

ハーズバーグの２要因理論はそれが発表された時には画期的な考え方だとされました。それまでは、人間は何かがあれば満足を感じ、それがなくなれば不満足になると思われていましたが、そうではなく満足に関する要因（動機付け要因）と不満足に関する要因（衛生要因）があると言い出したのがハーズバーグでした。彼は知識労働者がどんなときに満足と感じ、どんなときに不満足と感じるかを調査し、動機付け要因が「達成感」「承認」「仕事そのもの」「責任」「成長」などで、衛生要因が「会社の方針や経営」「監督」「給与」などであるとしました。不満足を感じるときは関心が主に環境要因に向いており、満足を感じるときは関心が仕事そのものに向いています。

マクレランドの欲求理論は、仕事のモチベーションに影響する欲求は「達成欲求」「権力欲求」「親和欲求」の3つであるとしたものです。達成欲求は文字通り何かを達成したいとか成果をあげたいというような欲求で、権力欲求は他者に影響力を与えたいとかコントロールしたいという欲求で、親和欲求は他者と友好関係を作りたいといった欲求です。

これらの論理からわかるように、ほとんどの理論において、自己実現も含め何かを達成したいという欲求が仕事のモチベーションに大きく影響しているのがわかります。

上田惇生氏は"worker achieving"を「働く人を生かす」「人に成果をあげさせる」「自己実現」などと訳しています。一方、『マネジメント』のもう一人の翻訳者である有賀《あるが》裕子《ゆうこ》氏は「働き手に達成感を得させる」とか「働き手の達成意欲を満たす」などと訳しています。"worker achieving"は自己実現のような大きな意味合いを持っており、その中でも「達成」という言葉が一つの重要なキーワードになると理解するのがよいと思います。

もちろん、理論だけですべてがわかるわけではありません。これらの研究者の理論だけでなく、ドラッカーはアメリカの自動車メーカーGMで19万人を対象に実施された「だからこの仕事が好き」と題したエッセーコンテストの結果にも触れています。この調査結果でも「挑戦」「達成感」「満足感」などが、自分の仕事が好きな理由として挙げられています。

いくら「達成感」が一つのキーワードだと言っても、世の中にはいろんなタイプの人間がおり、それぞれの人間が状況に応じて違った反応を示します。まさに人間の行動は何かに対する反応です。ですから状況に応じて、人に応じてマネジメントのやり方を変えなければなりません。

ただ、ドラッカーはアメとムチの効果には限界があり、特に知識労働者にはとりわけ効果が薄いと言います。ムチの本質は恐怖です。過去には飢えや不安がムチとして使われていました。しかし、食えない時代ではなくなり、転職も可能になった時代ではもうムチは機能しません。物質的報酬としてのアメはある程度増やせばそれは権利としての性格を強め、減らすと大きな不満になりますが、多少増やしてもインセンティブとしての効き目はなくなります。

また、心理学的な手法を使って人をコントロールするようなやり方は、物質的なアメとムチを心理学的なアメとムチに変えただけの知識の乱用にすぎず、そのような方法を使うマネジャーはいずれ自滅していくとドラッカーは警告します。心理学の主な目的は、自分自身を理解し、自分を征服することです。マネジャーは部下を人間として心理的によく理解する必要はありますが、心理学は部下をコントロールするための道具ではなく、自分自身をよりよく知るためのものだと言うのです。

加えてドラッカーは、医師と患者の関係はマネジャーと部下の関係とは全く違うと言います。医師の真摯《しんし》さは患者の病気を治すことであるが、マネジャーの真摯さは上司と部下の共通の役割を果たすことだと言うのです。この点は特に読者の皆さんによく認識しておいていただきたい点だと私は思っています。

アメとムチは限界があります。だからといってマクレガーのY理論だけでうまくいくわけでもありません。マズローはマクレガーのY理論が現場で実践されるのを観察し、強靭《きようじん》な従業員に対してさえ責任と達成を背負わせるのは大変な重荷になるとし、Y理論の提唱者のマクレガーとそれを支持するドラッカーを「非人間的」だと強く批判したようです。ドラッカーも、弱者などを想定して、X理論における命令や心遣いのような安心材料に代わるものを提供する必要があると言っています。

ただ、達成意欲の高い人はたくさんいるという前提に立たざるを得ない。さもなければ、大きな期待はできない。だが、達成意欲がある人が世の中にはたくさんいるというのは事実だとドラッカーは指摘します。だから、マネジャーは従業員に達成感を得させるのが自分の仕事だと、いま以上に認識しなければならないのだと言うのです。

(6)「責任」がキーワード

では、従業員に達成感を得させるような組織にするには何をすればいいのでしょうか。

歴史的に見て、人が大きな達成感や充実感を味わうのは、国家的な危機に際して人々が「大義に貢献している」という実感があるときだとドラッカーは言います。しかし、そのような特別な状況ではなくても、従業員が達成感を得ながら仕事をしている例はたくさんあります。

ドラッカーは常に実例を通して重要な本質を導き出します。ドラッカーは、マネジャーやエンジニアと現場の従業員が一緒に活き活きと働いている実例を3つほど紹介し、従業員に達成感を得させるためには、何よりも先ず従業員が自分の仕事に責任をとれるようにすることだと結論づけています。

私たちが達成感を得るのは、自分たちが仕事を任され、自分たちで考えて仕事を進め、それが成果につながるときです。このような仕事の仕方が、従業員の仕事に対する誇りにつながります。人に命令されて、命令されたことをただやるだけでは達成感は味わえません。

私はマネジメント研修を通して、人が仕事に充足感や誇りを感じるときは共通の要素があるように感じてきました。それは、ハーズバーグの動機付け要因とも一致します。つまり、仕事を任され（責任）、成果を出し（達成）、それがだれかに認められ（承認）、そのプロセスの中で自分が成長し、さらに大きな仕事を任されるという一連のプロセスの中で仕事のやりがいを感じているということです。

〈コラム〉　エドワード・デシの内発的動機付け理論

ドラッカーが『マネジメント』という本を書いた後から出てきた理論で面白いものに、エドワード・デシの内発的動機付け理論があります。

内発的動機付けの説明の前に外発的動機付けから説明しましょう。外発的動機付けというのは、仕事の外にある道具（アメやムチ）を使って仕事の動機付けをするものです。一方、内発的動機付けというのは、「仕事を通して」とか「仕事そのもの」に動機付けられるのはどんな要素なのかという考え方です。

エドワード・デシは人が内発的に動機付けられる要因は「有能感」「自律的」「関係性」の3つだと言います。「有能感」とは「成果を出した」「うまくいっている」

「できそうだ」など自分が有能だと感じることです。「自律的」というのは「自分で決めた」「思い通りにやっている」といった感覚です。「関係性」というのは他者との関係、つまり「自分が理解されている」「関心を持たれている」「期待されている」といったことです。

この「有能感」と「自律的」というのは、ドラッカーの言う「達成」と「責任」の感覚に似ています。人は何かを任され、それを自分の思い通りにやり、それが成果につながっていくとき仕事のやりがいや面白みを感じるのです。


では、どうすれば従業員は責任を引き受けてくれるのでしょう。「責任を持って仕事をしてください」と言っても何も変わらないことは明らかです。マズローが指摘したように、責任や達成は従業員に大きな負担を強いるという面があります。

ドラッカーは従業員が自分の仕事に責任をとれるようにするには次の3つの条件が必要だと言います。

①生産的な仕事　　　　（productive work）
②フィードバック情報　（feedback information）
③継続学習　　　　　　（continuous learning）

従業員が責任の重さに耐え、それを引き受けてもらうには先ず仕事に焦点を当てなければならないとドラッカーは言います。仕事の中身を達成感が得られるようなものにしなければ従業員は責任など引き受けてくれるはずがありません。

ハーズバーグが言うように、仕事に満足を感じる時は従業員の関心が「仕事そのもの」に向いています。もちろん、まわりの環境などの要素も達成感に影響を与えるでしょう。しかし、仕事自体がやりがいのあるものでなければ、いくらまわりをいじっても達成感は得られません。

肉料理に例えれば、最高の肉であってもソースが美味しくないとがっかりする場合があるかもしれないが、肉自体がまずければ結局どんなソースを持ってきても美味しい肉料理にはならないとドラッカーは言います。

「仕事」と「労働」の違いを説明したときに、仕事の生産性を高めるために必要とされることと、従業員を幸せにするために必要なことは異なると言いました。仕事は「モノ」であり、労働は人間が行うものだからです。

確かに、仕事を設計することと、それを人間にあった労働に設計していくこととは違う要素があります。しかし、実は仕事の生産性を高めることは、仕事を生産的にすることにつながり、従業員の達成感にもつながっていくのだとしてドラッカーは次のように言います。

仕事の生産性を高めるためには仕事そのものを深く理解しなければなりません。仕事を深く理解することができれば、それだけ仕事と人間の活動、つまり仕事と労働を結び付けやすくなる。また、仕事を深く理解すればするほど、従業員により多くの裁量を与えることができるようになります。仕事への合理的・非人間的なアプローチと、従業員に達成感を得させることの間には実は矛盾はないのです。

従業員の責任に関しての2つ目の条件は、従業員自身の成果に関するフィードバック情報です。責任を果たすためには自己管理が不可欠です。言われてみればこれも鋭い指摘です。自己管理がないところで責任など果たしようがありません。人から管理されて管理者の言われるままに仕事をした場合、結果についてはその管理した人が責任を負うのです。

自己管理を行うためには、基準値に対して実績がどの程度かという情報が継続的に必要となります。フィードバック情報は従業員が自己評価と自らの方向付けを行うためのツールであり、それこそがフィードバック情報の真価なのです。

3つ目の条件は継続学習です。継続学習は研修とは別物です。継続学習は、自分が学んだものを活かして、自分や自分の仲間の成果を高めたり、よりよく、より効果的で、より合理的な仕事の方法を見出すことに貢献したいという従業員の欲求を満たすものだとドラッカーは言います。また、継続学習は従業員にとっての2つの基本的な問題（イノベーションへの抵抗と従業員自身が役に立たなくなってしまう危険性）に対処するための一つの方法でもあるとドラッカーは指摘します。

以上の3つの条件を整えることは、従業員とそのチームに成果への責任を担ってもらうための計画です。ですから、これらはマネジャーの責任でありマネジャーの役割です。しかし、これら3つの計画には最初から従業員を巻き込んでおく必要があります。最初の段階から、仕事、業務プロセス、道具、情報などの考え方を共有しておくべきだとドラッカーは言います。従業員自身の知識、経験、ニーズを計画に役立てるのです。

そして、計画と実行は読むことと書くことと同じようにそれぞれに異なる活動ですが、計画と実行は読み書きと同じように同じ人間の中で統合されていなくてはならないとドラッカーは言います。計画が効果的であるためには、実施者が計画段階に責任を持たなければならないからです。

そしてもう一つ、従業員が責任を引き受けるためには権限関係が明確になっていなければなりません。従業員はどの分野とどの判断が自分の力を超えるのかを知っていなければならないからです。

知識労働に係わる従業員、それも高度な知識労働者を周りの人が動機付けすることはできないとドラッカーは言います。基本的に知識労働者を監督することはできないのです。知識労働者は自分で自分を動機付けするしかありません。知識労働者は自分で自分の仕事に責任を持たない限り、自分の仕事は生産的にならないのだとドラッカーは指摘します。

〈コラム〉　研修講師から見た"worker achieving"

ここまで説明しても、読者の皆さんの中には人が仕事を通して幸せを感じるのは「達成感」だけだろうかと、なにか腑《ふ》に落ちない気分の方もおられるのではないでしょうか。

　私は過去10年に亘《わた》って公的機関や大手企業の中間管理職のマネジメント研修の講師をしてきました。研修時には必ず「どんなときモチベーションが上がり、どんなときモチベーションが下がるか」をそれぞれの受講生に紙に書いてもらい、グループで議論してもらいます。

　研修の現場で頻繁に出てくる言葉を挙げるだけでも次ページの表のようにたくさんの種類があります。人によってモチベーションが上下する理由はさまざまです。しかも、それぞれの要因が複雑に絡み合っている場合がほとんどです。ただ、私は個人的に人のモチベーションが上がったり下がったりする要因を次の5つに分類して整理しています。

　1番目は「仕事そのもの」です。この中には成果・責任・貢献・自律・有能感などいろんな意味合いのものが入っていますが、仕事を通して幸せを感じるとか仕事自体に幸せを感じるような要因です。また、モチベーションが下がる理由も「仕事そのもの」に起因している場合がほとんどです。成果が出せないとか先が見えないとかの無能力感や不安、さらには仕事自体が非生産的で面白くない場合です。

モチベーションが上がる要因	モチベーションが下がる要因
1．仕事そのもの **（成果・責任・貢献・自律・有能感など）** 成果を出した、達成した、目的や目標が明確、貢献している、任された、思い通りにできる、充実感、やりがい、成長した、期待感、挑戦	**1．仕事そのもの** **（無能力感・不安・マンネリなど）** 結果が出ない、行き詰まり、失敗した、目標がなくなる、先が見えない、不安、任せてもらえない、作業的な仕事、無意味な仕事、マンネリ
2．人との関係性 **（良好な人間関係・承認・意見の一致など）** 上司にめぐまれた、信頼された、理解された、認められた、期待以上の評価、ほめられた、一体感、方向性が一致	**2．人との関係性** **（人間関係の問題・意見の不一致など）** 上司とのトラブル、周囲との人間関係が悪い、信頼されない、期待されない、評価されない、価値観・意見の違い
3．自分のやりたいこと やりたい仕事、希望通りの配属、興味のある仕事	**3．自分のやりたいこと** 希望通りの配属ではなかった、やりたくない仕事
4．昇進・昇格 昇進・昇格した	**4．昇進・昇格** 昇進・昇格が遅れた、もう昇進の見込みがない
5．心身の健康	**5．心身の健康** 病気、過労、ストレス

2番目は「人との関係性」です。これには人間関係や承認などの要因が入ります。特に上司との関係は非常に重要です。また、上司からの信頼や承認が1番目の「仕事そのもの」の充実感に大きな影響を与えます。

3番目は「自分のやりたいこと」に係る項目です。これは1番目の「仕事そのもの」とは異なるものです。それは、自分がやりたかったことが出来ないとか期待通りの配属ではなかったといったことです。確かに期待に反した部署に配属された場合などはかなりモチベーションが下がります。

しかし、この項目が面白いのは、やりたい仕事ではなかったけどやってみたら意外に面白かったとか、一生懸命やって成果が出るようになったら仕事が楽しくなったとか、いい上司に恵まれて仕事に興味が持てるようになったとかというように、かなりの場合その後さまざまな要因によってモチベーションが改善されていくことが多いということです。ただ、自分に合わない仕事だとどうしてもモチベーションが上がっていかない場合があるのも事実です。

4番目は「昇進・昇格」です。実は昇進・昇格は組織で働く人のモチベーションにかなり大きな影響を与えます。しかし、これは自分自身ではなかなかコントロールできません。仕事の成果や人間関係の結果として昇進や昇格は決まってきます。

5番目は健康状態です。この特徴は、調子が悪くなったときにモチベーションが下がる方向だけに影響することです。健康な状態であることは空気と同じようにそれがあることで幸せを感じてはいません。無くなって初めて不幸になるのです。余談ですが、仏様がおっしゃるように、健康であること自体が有り難いことであり、健康であることに感謝できるようになれば私たちはもっと幸せになれるのかもしれません。

話が長くなりましたが、ドラッカーが言っている"worker achieving"とは、成果・責任・貢献・自律・有能感などいろんな意味合いをひっくるめた、私の分類でいう1番目の「仕事そのもの」のことを言っているのだろうと思います。この1番目の項目の要点は、責任を与えられ自律的に仕事をして成果を出し、充実感や達成感や満足感を味わうことでしょう。そのためには先ず仕事そのものが生産的で、その仕事をやる意義があると思えるものでなければなりません。

私の経験からいえば、この1番目の「仕事そのもの」に関する内容が、モチベーションが上がったり下がったりする要因の大半を占めるのです。2番目の「人との関係性」と3番目の「自分のやりたいこと」については、ドラッカーは別のところで論じています。それらについては後ほど説明します。

よって私には、ドラッカーがこの“worker achieving”という言葉で、モチベーションが上下する要因の大半について語っているように思えるのです。

ドラッカーは古き良き時代の日本企業の仕組みを例にとって、仕事の達成感と責任との関係を説明しています。私はもともと製鉄会社に勤めるエンジニアでした。最初に配属された先は製鉄所の新工場建設の現場でした。そこではドラッカーが指摘した通り、マネジャーやエンジニアが現場の労働者と一緒になって働いていました。新工場の企画段階から現場の作業者が新工場の計画に深く関わり、設備の仕様や仕事の流れ、使用する道具などについて積極的に意見を言っていました。現場の労働者たちは自分の仕事に責任を持ち、自分の仕事に誇りを持っていました。

しかし、ドラッカーは成功した日本企業の仕組みが既に時代に合わなくなっていると言います。日本の年功的な賃金体系や労働移動の少ない社会体制を引き合いにだし、日本の労働とマネジメントは総合的に見て大きな革新が必要になってくるだろうと、『マネジメント』が出版された1973年に指摘しているのです。その後約40年の間に、ドラッカーが指摘した大きな変革がなされなかったことが、今日の日本の停滞につながっているのだと思います。

ドラッカーは、従業員が責任を担う条件として「職や収入を失う不安がないこと」を挙げ、一つの章を割いて説明しています。従業員が責任を負うには、雇用と収入がある程度安定している必要があるとドラッカーは言います。職や収入を失うのではないかという不安を抱えながら組織の重たい責任を負う人はあまりいないでしょう。

また、雇用と収入がある程度安定している会社ではイノベーションや変革への抵抗感があまりないことも指摘しています。これは容易に理解できます。雇用と収入を失う不安があれば、人は仕事が変化することを恐れるでしょう。そのことによって自分の仕事や居場所が無くなってしまうと思うからです。

しかし、企業が雇用と収入の安定を保障することはたやすいことではありません。特に変化が激しい今の時代はなおさらです。ドラッカーは1950年代初めに考案されたスウェーデンのレーン・プランを説明しています。レーン・プランは、技術の開発や経済状況の変化により人員余剰が発生することを前提において設計されています。スウェーデンでは企業にも産業にも雇用を維持することは期待されていません。人員余剰が発生すればレーン委員会が収入を保障し、訓練を施し、新しい就職先を探してくれるのです。

このレーン・プランという、新産業の発展のために労働力の流動化を促進しながら、同時に従業員の雇用と収入の安定を保障する制度によりスウェーデンは大きな躍進を果たしました。１９５０年になっても先進国とは言い難い状況だったスウェーデンが、現在多くの先進的企業を生み出し経済発展を遂げているのは、このレーン・プランによるところが大きいのでしょう。

（7）大切なのは実践できているかどうかだ

ここまでがドラッカーの「仕事」と「労働」に関する見解です。これまでのドラッカーの考え方も鋭いものですが、これから説明する実践の内容こそがドラッカーの洞察の鋭さであり彼の真骨頂だと私は感じています。

「人材こそわれわれの最大の資産だ」と言う経営者は多いですが、それを本当に実践できている会社は少ないのが現実だとしてドラッカーは次のような事実を指摘します。実は人材は活用されておらず、人の可能性は埋もれたままで仕事に活かされていない。そしてそのことをほとんどのマネジャーが知っている。

人材が活用されていない一つの理由はマネジャーが部下に責任を任せていないことです。マネジャーが部下に責任を任せることができない理由は、マネジャーが権力と権威を区別できておらず、部下に責任を任せると自分たちの権威が失われるとマネジャーが勘違いしているからだろうとドラッカーは言います。

権力（power）と権威（authority）は別物です。蛇足かもしれませんが、辞書的な意味を補足しておきます。権力とは他人を服従させる強制力です、一方、権威は人を服従させる威力のようなもので、ある分野において優れたものとして認められているからその威力を持つのが権威です。「脳外科の分野の権威」というような使われ方をします。

マネジャーは権力を持っていません。ただ責任を負っているだけです。その責任を果たすという目的のために権威を必要とするのです。そして、マネジャーの権威は自らの責任を果たす、つまり成果をあげることによってのみ維持されるのだとドラッカーは言います。

マネジャーが組織の成果をあげるためにその中心となるのは責任を与えられた従業員です。組織の成果をあげるというマネジャーとしての責任を果たせないと、マネジャーの権威は失墜します。であるなら、マネジャーが権威を保つには、従業員に責任を担うことを要求し、従業員に成果をあげさせ、その結果として組織の成果をあげるというマネジャー自身の責任を果たすという方法しか道はないのです。

偉大なマネジャーは温かい人柄でなくても、社交的でなくても、気さくでなくても構わない。妥協せず従業員に要求をつきつけ、マネジャーが自分の仕事と成果に責任を持つ。そのような成果をあげるマネジャーが最終的に部下からの信頼と尊敬を勝ち取るのだとドラッカーは言います。

温情主義ではマネジメントは結局うまくいきません。雇用を守ろうとして無理な事業拡大を図って失敗した例はいくつもあります。温情主義は人材をマネジメントする手法ではなく人材を助けるための手法であり、温情主義は知識労働者のマネジメントには適さないとドラッカーは指摘します。

また、人事管理（採用・研修・選抜・賃金など）を人材のマネジメントと捉える傾向があるが、人事管理も人材のマネジメントとは異なるとドラッカーは言います。

人材をマネジメントするとは、従業員の強みを活かすこと（making the strengths of people effective）を意味します。従業員に達成感を得させるには従業員を経営資源として見る必要があります。つまり、マネジャーは従業員の強みを活かすという責任を引き受けなければならないのだとドラッカーは言うのです。

人は問題を引き起こし、雑用を生み出します。人は費用であり潜在的な脅威でもあります。しかし、それらは人が雇われる理由ではないはずです。人を雇うのは、彼らの強みや成果を出す能力を期待しているからです。組織の目的は人の強みを活かし、人の弱みを関係ないものにすることなのだとドラッカーは言うのです。

人材を最大の資産にするには会議やセミナーや研修だけでは不充分です。必要なのは実践です。ドラッカーは具体的に次の2つの実践について述べています。

第一に、仕事に責任と成果を築きあげる実践です。部下と上司が相談しながら目標を設定し、仕事を生産的なものにし、部下が達成感を得られるようにする必要があります。

2番目に、マネジャーは部下を自分自身の財産として扱うという実践です。つまり、上司がより良くより効果的な仕事ができるようにするのが部下の責任であるということを部下に受け入れてもらわなければなりません。上司に対する責任感と上司に対する貢献意欲を、部下の心に醸成する必要があるのです。

そうするための方法として、部下に対して次のような質問をし、それに対して部下によく考えてもらい、答えを出してもらうことをドラッカーは提案しています。

- 「あなたの仕事を最大に支援するために、上司としての私や会社は何をすればよいか？」
- 「あなたの仕事を一番邪魔するのは、上司としての私や会社のどんな行動だろうか？」
- 「上司である私が会社のために最高の仕事をするうえで、あなたは私にどんな支援をすることができるか？」

〈原文〉

"What do I do as your manager, and what does your company do that helps you the most in your jobs?"

"What do I do as your manager, and what does the company do, that hinders you the most in your jobs?"

"What can you do that will help me, as your manager, do the best job for the company?"

上司が部下のために何かをしようと思うとたいていうまくいかないとドラッカーは言い

ます。そうではなく、「上司の仕事の成果を高めるために、部下は何をすべきだろうか」という問いは、上司と部下に共通の成果に焦点を合わさせ、両者の関係の目的に焦点を合わさせるようになります。そのことによって、上司は部下を自分の財産として見るようになり、同時に部下に対しても自分を彼らの財産として見るように彼らを導けるようになるとドラッカーは言うのです。

いかがでしょうか。私はドラッカーのこの一連の文書を読んで、その指摘の鋭さに衝撃を受けました。部下と一緒に共通の成果をあげることに焦点を当てた、このマネジャーの現場における実践こそが、ドラッカー経営学から学ぶべき重要なポイントだと私は思います。

読者の皆さんも、マネジャーとして自分が何をすべきかが見えてきたのではないでしょうか。131ページで説明したように、マネジャーとしての真摯さとは、上司と部下の共通の役割を果たすことにあるのです。

2―6　企業の社会的責任

(1) 社会的責任の本質とその対応方法

ドラッカーは企業の社会的責任についても大きな視点からその本質を指摘してくれます。企業の社会的責任ということの内容が、経営者個人の倫理の問題から、企業として社会的問題にどう取り組むかという方向に変わってきました。それは、マネジメントの成功によって、社会がより多くのことをマネジメントに期待するようになったからです。

過去100年の間に企業マネジメントの成功によって人類の3分の1を貧困から豊かさへ引き上げることができたのなら、もっと積極的に社会的な問題に携わり、社会の価値観やよりよい社会の構築に貢献してほしいとの社会からの期待があるのです。昔は貴族や聖職者が社会のリーダー的存在でしたが、いまは企業の経営者が社会のリーダー的存在になってきています。

ただ、企業の社会的責任の本質的な問題は、経営者の無責任や無能や拝金主義ではなく、善良な意図、立派な行い、強い責任感が誤った方向に進むことだと、過去のいくつかの事例を示しながらドラッカーは指摘します。例えば、ユニオンカーバイドのビエナ工場の公害問題は、もともと苦境にあえぐビエナ地域の雇用創出のために、採算ぎりぎりの工場を造ったことが悲劇の始まりでした。その工場は最新の公害対策設備を導入して建てられたが、その後の公害問題に対処する設備更新のための収益を生み出すことなど初めから不可能だったのです。

この社会的責任についても「自分たちの役割をよく考え、目標を掲げ、成果をあげなくてはならない」とドラッカーは言います。

ドラッカーはすべての組織は2種類の社会的責任を負うと言います。一つは組織そのものが社会に与える影響から生じる責任です。騒音や熱やガス、大量の従業員が会社の周りの道路で引き起こす交通渋滞などです。もう一つは、社会が抱える矛盾から生じる責任です。つまり、人種差別が企業に与える影響から生じる責任などです。企業も社会の一部ですから社会の問題と無縁ではありません。

1つ目の組織そのものが社会に与える影響への対応としては、その影響を最小限にするか取り除くことです。理想的には社会への影響を取り除く活動そのものを事業機会に変えること、つまり公害対策の施策や技術をそのままビジネスにすることが理想だとし、もし単独の企業だけで対応できないような問題なら、業界として規制を考えていくのがよいとドラッカーは言います。

2つ目の、社会が抱える矛盾から生じる責任については、社会問題が一つの機能不全と考えればそこにはビジネスチャンスがあるはずだとドラッカーは言います。社会の問題を事業機会に変えていくことこそが企業の務めです。シアーズは農村の貧困、無学、孤立といった社会問題に目を留め、それをビジネスに変えていきました。

経営層は社会や地域の課題や危機に着目して、その解決を通して利益をあげられるようにイノベーションに取り組まなければなりません。技術分野における組織的な研究開発だけでなく、社会や地域のための組織的な研究開発が必要だとドラッカーは指摘します。

(2) 約束してはいけないことと約束しなければならないこと

以上が、2つの種類の社会的責任への対応法に関するドラッカーの考え方です。しかし、人種問題やスラム街の問題など、最も深刻な社会問題はその問題を事業チャンスに変えるような方法では解決できません。企業はこれらの問題にどう向き合えばよいのでしょうか。

ドラッカーは、それぞれの組織はそれぞれ本来の目的と使命があり、それを果たすことが先ず大切だと言います。組織の本来の目的の遂行と社会的責任を果たすことの間にはバランスが必要だと言うのです。

特に企業は自社の目的を達成するための最低限の利益を認識しておく必要があります。意図そのものは善意に根差し高潔だったとしても、経済的になりたたないことを進めたり、身の丈を超えた責任を請け負ったりすると悲惨な結果に終わるだけだとドラッカーは言います。優れた行いのためにはその前に優れた成果が必要です。それも、極めて優れた成果があげられなければ優れた行いもできないのです。能力の範囲を超えて責任を引き受けるのは無責任です。マネジャーは社会から英雄扱いされるために報酬を得ているのではなく、責任を果たし、成果をあげるために報酬を得ているのだとドラッカーは言います。

ドラッカーは、自分たちの組織が社会に与える影響については責任を負えるようにしておく必要があるが、自分たちに起因しない社会問題についてはすでに持っている能力の範囲で行うべきであると言います。

１９６０年代に大学が大都市の社会問題に取り組もうとしたがほとんどが失敗しました。

そこで必要だったのは大学が得意とする「真理を発見する能力」ではなく、妥協点を見つけたり、優先順位をつけたりする政治家的な能力だったからです。

企業は、企業が得意とする成果が測定される分野で活躍すべきだとドラッカーは言います。社会問題の解決といった成果が測れない分野では企業の強みは活かせません。ただ、黒人の就職問題など明確なゴールを定められる分野は企業の力を活かせる分野です。社会問題を解決する中で、どの部分が企業の能力を活かせるかを問うべき必要があります。

もう一つ認識しておかなければならない重要なポイントは、責任と権限はコインの裏表だということです。つまり、社会的な問題に責任を負おうとするのであれば、その問題について自分はその権限を持っているのか、また持つべきなのかと問う必要があるとドラッカーは指摘します。

それぞれの組織は特定の目的を持ち、特定の分野で成果をあげ、社会を支えています。社会的責任というもとうたい文句のもと、能力を顧みず、あるいは権限を逸脱して、本来とは異なる仕事に手を出して、充分な成果をあげられなくなることほど無責任なことはありません。できないことを約束してはいけません。

では、組織のマネジャーは社会的責任について何を約束すべきなのでしょうか。マネジャーもプロフェッショナルです。プロであるならばプロとしての職業倫理に従う必要があるとドラッカーは言います。プロフェッショナルの第一の責任は、２５００年も前にギリシャの医師ヒポクラテスが宣言した「知りながら害をなすな」です。

医師、弁護士、マネジャーなどのプロフェッショナルは、患者や顧客に必ず良い結果をもたらすとは保証できません。最善を尽くすことしかできないのです。しかし、「知りながら害をなさない」という約束はできます。患者や顧客も、プロは知りながら害をなさないということを信じているからプロを信じるのです。

もしマネジャーが、業界や社内など仲間内で評判がよくないとか仲間から嫌われるといった理由で、社会に与える影響をじっくり考えなかったり、適切な解決策を施さなかったりしたら、それは知りながら害をなしていることになります。これは愚かなことであり、その企業や産業のイメージをはなはだしく傷つけます。これはプロフェッショナルの倫理に著しく反するのだとドラッカーは言うのです。

東京電力福島第一原子力発電所の問題はどうだったのか。「知りながら害をなさない」というプロの倫理を、企業が果たすべき重要な役割の一つとして今一度強く再認識する時期にあるのかもしれません。

2―7　公的機関のマネジメント

（1）なぜうまくいかないのか

社会の中に存在する組織は、それが企業であろうと公的機関であろうと、社会の一機関である以上社会に貢献しなければなりません。それぞれの組織が特有の目的と使命を果たすのが組織の役割だとドラッカーは言いました。第2章の冒頭に挙げた、組織が果たすべき3つの役割はすべての組織に共通するものです。

世界的に公的機関の効率の悪さが指摘されます。公的機関の効率の悪さを指摘するのは一般的に企業経営者たちですが、企業の中のサポート組織や研究組織が効率がいいかというと必ずしもそうではありません。

企業対公的機関という対比ではなく、組織の特徴の問題なのです。成果が何であるかや、結果が明確に測定できない組織、つまり予算配分によって運営されている組織にいる人達は、予算獲得については目を見張る能力を持ち、すさまじい勢いで資料を作成するが、その組織が貢献しているかどうかは定かではないとドラッカーは指摘します。

成果や貢献が目的ではなく、その組織で働く人たちの便益を最優先している組織、つまり組織自体が自己目的化している組織を、私たちは官僚制がはびこった組織だと批判します。

公的機関の成果が出ない理由が次の3つだと指摘する人がいますが、ドラッカーはそうではないと言います。

①ビジネスライクではない
②優秀な人材が不足している
③目標と成果が見えにくい

ビジネスライクとはコスト管理を意味しますが、効率化の目的のために本来必要なサービスがカットされたのでは意味がありません。公的機関の基本的な問題は、公的機関に働く人の効率（efficiency）が悪いのではなく、問題は効果的（effectiveness）かどうか、つまり望まれる成果をうまく達成しているかどうかです。

また、人材の問題でもありません。フランスの政府機関の高官は優秀だが、これほど官僚的で無駄が多い国は珍しいとドラッカーは言います。私も公的機関の中間管理職研修を行っていますが、公的機関には優秀な人が多いと感じます。

公的機関の目標や成果が目に見えないという理由も、一見正しそうでありながら真実の一面だけしか見ていません。企業の目標も実は目に見えないものです。AT&Tが定めた「当社の事業の本質はサービスである」という言葉も極めて曖昧《あいまい》です。しかし、いままでの企業の例で見てきたように、抽象的な定義から具体的で測定可能な目標を導き出すことは可能です。

企業であれ公的機関であれ、目標が具体的でわかりやすく、範囲が定まっていない限り、成果をあげようがありません。目標を定めない限り、その達成に向けて経営資源を割り当て、優先順位と期限を定め、結果責任をだれかに負わせることはできないのです。

ドラッカーは公的機関がうまくいかない理由を「予算配分組織」の問題として説明しています。予算配分組織では、予算獲得が目的となり、予算の消化に努めるようになります。なぜなら、予算を消化していないと次の期の予算が削減されるからです。

また、収入を予算に依存すると優先順位をつけたり特定の分野に集中できなくなります。企業は商品やサービスを購入してくれる人たちに集中できますが、公的機関はすべてのニーズを満足させなければならないという宿命があります。しかし、限られた資源を少数の優先事項に集中的に投入しない限り何も達成されません。

予算配分組織には一般的に競争がありません。その組織の機能を他に替えることができないのです。公的機関もそうですし、企業内のサポート組織や研究組織もそうです。競争がないために、予算配分組織には非効率なものが自動的に切り捨てられる仕組みが組み込まれていません。企業は利益が出せなくなると市場から退出させられます。つまり倒産です。企業は成果で評価されるので効率的でない企業は顧客から排除されるのです。

さらにいえば、資本主義社会では資本家は企業の外に居るので、ある時代に繁栄した企業の利益は最終的に資本家に還元されます。そして、その繁栄した企業が時代の変化により使命がなくなってしまえば、その企業が稼ぎ出した資本は、資本家によりまた新しい時代のニーズに合った新しい企業に投下されていきます。非効率なものや時代に合わなくなったものが廃棄されていく仕組みを持つ社会はこうして時代の変化に対応していくわけです。

しかし、組織の中に自動廃棄の仕組みが内蔵されていない予算配分型の公的機関は、効率の悪い組織がそのまま生き残っていくことになります。組織自体が自己目的化している官僚組織はなおさらのことです。

（2）うまくいっている例外に学ぶ

では、公的機関をうまく運営していくためにはどうすればよいのでしょう。世界を見渡せば公的機関の中にもうまくいっている例外的組織があります。先ず、それらの事例から学ぶことにしましょう。

先ずは教育機関について見てみましょう。ドラッカーは教育についていつも心配していました。「時代の変化への対応が一番遅れるのが教育だろう」とか「学校にはあらゆるレベルにおいて劇的な変化が求められる」と言っています。

第1章で述べたドラッカーの最初の授業の話、つまり100年前に高等教育に力を入れていた国家がその後繁栄したという話の後には実は続きがありました。「しかし、残念ながら日本の高等教育はくすんでしまっている」とドラッカーは言ったのです。世界的に見ても日本の学生は勉強しません。ただ勉強すればいいというわけでもないでしょうが、日本の高等教育の現状を見ると嘆かわしいことばかりです。
一方で、アメリカの大学には世界的に有名な、特徴ある大学が一杯あります。アメリカの大学が成功した理由は、大学ごとの目的と使命が明確だったからだとドラッカーは指摘します。1860年から第一次世界大戦時期における大学設立時、アメリカの大学はそれぞれに次のような独自の明確な目的と使命を定義しました。

ハーバード大学　　社会リーダー層の育成
コロンビア大学やシカゴ大学　　現代の基本課題（教育・経済・政治・外交）に合理的な思考と分析を体系的に応用する
ジョンズ・ホプキンス大学　　高度な知識の創造主体　先端研究に特化
コーネル大学　　教養ある市民の育成

その後20世紀には多くの大学が似通った性格を持つようになったとはいえ、アメリカの大学が優れた効果と実績をあげたのは、具体的な目的と使命を定め、それを果たすために邁進《まいしん》したからであるとドラッカーは言います。

事業を行う公的機関で、自社の事業は何かを定義したのが前述したAT&Tでした。電話や郵便などは自然独占の事業であり、一般的には公的機関がサービスを提供します。日本も昔そうでした。

AT&Tは自社の事業を「当社の事業はサービスである」とし、組織の目的と使命を明確にしました。そして、この目的達成のために具体的な目標を設定し、顧客満足やサービス満足の基準を設定しました。これらの基準が設けられたから地域ごとのマネジャーが全米規模で競争するようになり、これらの基準がマネジャーを評価し報奨を与える際の尺度となったのだとドラッカーは説明しています。

成果をもとに利益をあげる仕組みと、予算配分を受ける仕組みとでは、どちらが成果をあげやすいかは明白ですが、予算配分組織であっても、その組織の果たすべき役割と期待される成果を明確にする必要があります。そして、成果を出すためには成果に基づいて経営資源が配分されるかどうかが重要です。報酬を活動ぶり（performance）と成果（result）に連動させ、優れた活動と成果を目指そうという気運を盛り上げていく必要があるとドラッカーは言います。

（3） 公的機関が成果をあげるための方法論

すべての公的機関において、成果をあげるために考え実施することは同じだとドラッカーは言います。それは次の6項目です。

①「何が役割か」「何を役割にすべきか」を定義する。つまり、組織の目的と使命を明確にする。対案を出し、それを公にし、それを慎重に検討し、場合によっては異なるもしくは対立する定義のバランスをとらなければならないかもしれない。
②その目的と使命から目標を明確にする。
③何に集中するかの優先順位を検討する。そうすれば、目標の選択、成果の基準、最低限の成果の定義、期限、成果を出すための取り組み、責任者の任命などが可能になってくる。
④成果の尺度を設定する。
⑤これらの尺度をもとにフィードバック分析を行い、成果に基づく自己管理の仕組みを構築する。
⑥古くなったものを切り捨てる仕組みを作る。

以上の中で最も重要なのは⑥番の項目です。成功は長くは続きません。成功を洗いなおすのが一番難しいのです。成功は慢心を生み、思い入れや行動の習慣や誤った自信をもたらします。公的機関においては特に過去の成功が「方針」「美徳」「信念」として尊重されるとドラッカーは指摘します。

それを防ぐには使命、目標、優先順位などを徹底的に考え、成果に基づいたフィードバック管理の仕組みを取り入れなければなりません。つまり、廃棄の仕組みを自らの組織の中に組み込む必要があるのです。

公的機関の成果を高めるのに必要なのは、人材ではなく制度なのだとドラッカーは指摘してくれるのです。

第3章　マネジャーは何をなすべきか

（1）マネジャーの5つの基本業務と欠くべからざる資質

第2章でも述べてきたように、人材こそが唯一の資源であり、マネジャーが従業員をいかにマネジメントするかによって組織の成果に差が出ると言っていいでしょう。

マネジャーとは会社への貢献と会社の成果に責任を持つ人のことだとドラッカーは言います。そういう意味では、マネジャーは従業員や専門分野のプロフェッショナルより広くて高い視点を持つ必要があります。ドラッカーは、マネジャーには次のように2つの具体的な役割（two specific tasks）があると言います。

①投入した資源より多くのものを生み出す生産的な組織を創り出す
②現在と将来の要請に対する判断や行動の調和をとる

①の役割を果たすためには、人材の強みを活《い》かし、弱みを軽減するしかなく、②については現在と将来のバランスをとりながら自分の部署と会社の両方の業績に責任を負わなけ

ればならないとドラッカーは言います。

その上で、マネジャーには次の5つの基本業務（five basic operations in the work of the manager）があると指摘します。

①目標設定
②組織のとりまとめ
③動機付けとコミュニケーション
④業績評価
⑤人材育成

マネジャーは単に部下の面倒を見る人ではなく、貢献や成果に責任を持つ人のことですから、先《ま》ず大枠の目標を定め、その達成についてなすべきことを見極め、部下に目標を伝え、その目標が達成される方向へ導いていく必要があります。

②の組織のとりまとめとは、必要な活動や関係性を分析し、それらをマネジメント可能な活動や仕事に分類し、組織を作り、それらの仕事を任せる人を選ぶことです。

③〜⑤については細かい説明は不要でしょう。マネジャーの役割である「投入した資源より多くのものを生み出す生産的な組織を創り出す」ためには、部下と良好なコミュニケーションをとり、部下の能力とやる気を高める必要があります。また、マネジャーは業績に関する評価尺度を設定し、その評価尺度を関係者に伝える必要があります。評価尺度がなければ目標を達成したのかどうかがわかりません。そして最後が人材育成です。

『もしドラ』で「真摯《しんし》さ」という言葉が有名になりましたが、それは以上の5つの基本業務に関係しているのです。以上の5つの基本業務を行うには分析力、統合力、社会的なスキル、真摯さなど、それぞれの業務に異なる資質（quality）と資格（qualification）が必要になるとドラッカーは言います。

①の目標設定に必要なのは分析力と統合力です。②の組織作りにも分析力が必要です。ただ、人間を扱うので公平性の原則にもとづく真摯さがなければなりません。分析力と真摯さは⑤の人材育成にも必要になります。③の動機付けとコミュニケーションには社会的なスキルが必要です。経済性より公平性、分析力より統合力、そして何より真摯さが重要になります。④の業績評価には分析力が欠かせません。

このように、ドラッカーはマネジャーの5つの基本業務にはそれぞれ異なる資質と資格が必要になると分析しているのです。ただ、以上の5つの分類は形の上での分類であって、これらに魂を吹き込み、具体的で意味あるものにするには経験が必要になります。目標設定ができてもそれだけでは素晴らしいマネジャーにはなれません。縫合手術ができても素晴らしい外科医にはなれないのと同じで、仕事のあらゆる分野でのスキルを磨き実績を積むことで、よりよいマネジャーになっていくのだとドラッカーは言います。

マネジャーは「金」や「物」とは違う「人」という特殊な資源と一緒に仕事をします。人間は特殊な資源であるため、一緒に働くマネジャーたちにも独特な資質が必要になります。人間を働かせるには相手の能力を伸ばさなければなりません。どの方向に伸ばすかで生産性が決まります。より器の大きい豊かな人間に育つのを支援できるかどうかが大切だとドラッカーは言います。

人材マネジメントに関するスキルや仕組み（面接方法や昇進制度など）は学ぶことができます。しかし、人材を育成するには根本的な資質（basic quality）が必要です。それは人格における真摯さ（integrity of character）だとドラッカーは言うのです。

ドラッカーは、部下に愛情を注ぎ、手を差し伸べ、うまく接することだけがマネジャーの仕事ではないと言います。冷たく、人好きがせず、要求水準が高い人こそがよく人材を育てます。尊敬されるマネジャーは仕事に対する厳しさを自他共に要求します。前述したように、マネジャーの真摯さとは、上司と部下の共通の役割を果たすことなのです。マネジャーがやるべきことは体系的に分析できます。マネジャーができなければならないことは学べます。しかし、だれからも学ぶことができない資質(quality)、もともと身につけておくしかない資格(qualification)が一つだけあります。それは才能(genius)ではなく、人格(character)だとドラッカーは言います。

〈コラム〉 真摯さについて

マネジャーとして一番大切なのは人格であり、その人格の中でも真摯さが一番重要なのだとドラッカーは言います。これはよく考えてみればだれもが納得することではないかと思います。

マネジャーは「人」という特殊な資源と一緒に仕事をします。人との本質的な関係を考える上で最も重要なものは何か。それは人柄であり誠実さでしょう。「信なくば立たず」「至誠」「誠実にまさされる知恵なし」「誠実さと信念だけが人間を価値あるものにする」といったように、古今東西どこに行っても「誠実さ」は最高の徳目の一つです。

私は仕事柄多くの経営者とお付き合いをしてきましたが、会社がどうしようもなくなる一つの大きな要因は社長の誠実さの欠如です。従業員の給料を減らしながら自分だけが従業員にわからないところでたくさんの報酬を得ているような社長は、会社が大変な状況になったときにだれも助けてくれません。それこそドラッカーが言うように、誠実さを欠く人間は全てを破壊してしまうのです。

ただ、欧米人がイメージしている「真摯さ」というのは、日本人が考えている「誠実さ」とはかなり違うようです。西欧の人たちにとっての〝integrity〟は人間の美徳や全人格に関わる重要な言葉で、単に「正直」や「誠実」というだけではなく、人間として信頼に足る内面的な強さや道義心の堅固さといった意味合いを持っているようです。

ドラッカーは真摯さが大切だとは言いますが、真摯さの定義は難しいとして明確な定義をしていません。ただ、かろうじて真摯さについて次のような例示があります。

長年帳簿係として真摯に働いていた者が組織の成長に従い経理担当の役員になった。しかし、時代が変わって仕事がこなせなくなった。しかし、真摯さには真摯に報いなければならない。くびにするのは間違いである。そのような行為は正義と礼節にもとる。真摯さこそが組織の非常に大切な精神であり、真摯なマネジャーはこの種の問題を慎重に扱う。

この例示からも、真摯な人とは、人間的・人格的に信頼できる人というイメージです。私はこの例示を読んで、西欧人にとっての“integrity”とは、儒教における五常の徳（仁・義・礼・智・信）を統合したような感覚ではないかと思いました。プロの翻訳家の方も“integrity”の訳には非常に苦労されているようで、それぞれの文脈により高潔、気骨、真心、至誠、矜持《きょうじ》などの言葉を使っているようです。

ドラッカーは『傍観者の時代』の中でも次のように言っています。外交にはリーダーシップが必要だが、それは頭の良さではなく、真摯さを基盤にするものでなければならない。マーチン・ルーサー・キングが影響力を持ちえたのも真摯さのゆえだった。つまり、ドラッカーは人と人の関係においては真摯さこそが一番重要だと考えているのです。

『もしドラ』では「真摯さ」という言葉が特に有名になりました。『もしドラ』で唯一私が違和感を抱いたのは「野球チームの顧客は誰か」と考えるところです。これはドラッカー経営学を野球のマネジメントに応用して説明するという流れの中では致し方なかったことなのでしょう。ただ、私は高校野球の真摯さとは「勝つことに一生懸命になること」ではないかと思っています。チームの第一の目的も「勝つこと」であっていいと思います。その「勝つこと」という目的に向かって、チームが一丸《いちがん》となって一生懸命に野球に向かい合うことこそがスポーツに携わる人の真摯さではないかと思うのです。

私は、ドラッカーがイメージしている優秀なマネジャーとは高校野球の素晴らしい監督のような人ではないかと思っています。選手一人ひとりをとても可愛がり愛情を持って接している。しかし、練習や試合では非常に厳しく全く妥協しない。甲子園で優勝することを明確な目標として掲げ、その目標達成を選手にも要求し、選手自身もそれを強く望んでいる。選手と一緒に共通の目標を目指し一生懸命になっている監督、厳しいけれど選手と気持ちがつながっているチームが作れる監督のような人を、ドラッカーはビジネスの現場でのマネジャーとしてイメージしていたのではないかと感じます。

ビジネスに携わるマネジャーの真摯さは高校野球の監督の真摯さと同じだと思います。組織の成果に拘《こだわ》り続けることが企業人の真摯さです。そのためには嫌なことを引き受け、厳しいことも言わなければなりません。優しくてまじめな人が必ずしも真摯なわけではありません。それでは企業人として一番重要なものが欠落しています。ビジネスに携わるマネジャーは成果をあげ社会に貢献しなければなりません。人に対する優しさはベースとして必要でしょうが、断固として成果に拘る厳しい上司。これこそがドラッカーの言う真摯なマネジャーでしょう。もちろん、その成果とは利益をあげることではなく、"create a customer"—「顧客を創造すること」を通して社会に貢献することでなければならないのですが。

(2) 目標と自己管理によるマネジメント

企業の各メンバーは会社の共通のゴールに貢献する必要があります。マネジャーは会社全体の成果目標に焦点を当てなければなりません。マネジャーの成果は会社の成功にどれだけ貢献したかによって測られます。しかし、現実的にはそれぞれのマネジャーは必ずしも共通のゴールを目指していないとドラッカーは言い、その理由を４つほど挙げています。

１番目の理由は、それぞれのマネジャーの専門化された仕事にあります。ここでドラッカーは古くからの言い伝えの石工の話を例に出しています。３人の石工に「何をしてるか」と問うたときに、一人目の石工は「生活の糧を得ている」と答え、二人目の石工は「この国で最高の石工として働いている」と答え、三人目の石工が「大聖堂を造っている」と答えたという話です。

一人目がマネジャーにならないのは明らかです。困るのは二人目だとドラッカーは言います。確かに、仕事に最高を求めることは大切です。しかし、最高の仕事をしていてもそれが組織全体のニーズと関連付けられていなければ意味がありません。三人目こそがマネジャーです。マネジャーはビジネス全体をマネジメントし、ビジネスの遂行(performance)と成果(result)に責任をもたなければならないのです。ところがどの企業でも、大多数のマネジャーが二人目の石工のように自分が専門とする分野の仕事にしか気が回らないのです。

共通のゴールを目指せない２番目の理由は、上司による間違った方向付けです。部下は上司の何気ない言葉に左右されます。例えば、上司に何かの調査を指示された場合でも、その指示の裏に何があるのかは部下にはわからず、その仕事の軽重もわからずに仕事をしてしまうことがよくあります。

3番目はマネジメント階層による問題です。組織にはいろんなマネジメント階層があり、それぞれに懸案事項や役割が異なります。この問題はコミュニケーションで解決できるかといえばそうでもありません。なぜなら、それぞれが使う言葉や認識が異なるからです。同じ問題を経理部門の人はお金の視点から、マーケティング部門の人は顧客視点から、製造部門の人は技術的な視点から眺めます。

4番目は報酬による誤った方向付けです。例えば、ROI（Return on Investment：投資収益率）で報酬の評価をされるようになれば、その部門の長は将来のための投資を躊躇《ちゅうちょ》するようになります。なぜならほとんどの場合、投資してもすぐには成果があがらないからです。

以上のような間違った方向付けが生まれる危険性があるからこそ、目標は常に会社のゴールをもとに決めなければならないとドラッカーは言います。

また、マネジャーは事業の成果がいくつもの分野の努力や成果のバランスで決まることを理解することが必要だと言います。そのバランスのよい努力や成果を生み出すには短期と長期の両方の視点が求められるのです。

何かに集中することは大切ですが、マネジメントの方向付けが、今月は在庫圧縮、来月はコスト削減、その次の月は人間関係改善、そしてその次の月は顧客サービス向上などとすると、４か月経った後には在庫レベルは以前の水準に戻っているとドラッカーは指摘します。みなさんの会社でもありがちな話ではないでしょうか。

各マネジャーの目標は、その部門が所属するさらに大きな部門の成功にどのように貢献するかという視点で決定されなくてはなりません。目標の承認の権限は上位のマネジャーが持っていますが、マネジャー自身の目標設定そのものはマネジャーの責任範囲です。というより、目標設定こそがマネジャーの第一の責任だとドラッカーは言います。

このことはつまり、マネジャーは上位の組織の目標設定に係る責任を持っていることを意味します。マネジャーの目標は、上司や自分が何を望んでいるかではなく、事業の客観的なニーズを反映していなければなりません。事業の究極的な目標は何か、自分は何をどのような理由で期待されているか、そしてどのような尺度と方法で成果が測られるのかを理解しなければならないとドラッカーは言うのです。

各事業部門では、その事業部門に所属するマネジャー全員の合意がなくてはなりません。これを実現するには、貢献すべき立場のマネジャーが、部門の目標は何かをじっくり考え、目標を決める取り組みに責任を持って積極的に参加すること以外に方法はないとドラッカーは言います。部下のマネジャーたちが参加してはじめて、上位のマネジャーは下位のマネジャーたちに何を期待すべきかを知り、厳しい要求ができるようになるのです。

この点は非常に重要だとドラッカーは言い、ある企業で年に2回実施されている、下位の各マネジャーに「マネジャーの手紙」を書かせるという方法を紹介しています。

①下位のそれぞれのマネジャーの自分なりの理解に従った上司と自分の職務上の目標を定める
②自分に適用できると思われる仕事の成果基準を設定する
③目標を達成するためになすべき事柄と部門内での主要な障害について列挙する
④自分の助けになるもしくは妨げとなる上司や会社の行いを列挙する
⑤最後に、目標を達成するために次の年にやることを提案する

〈原文〉

① "Each manager first defines the objectives of his superior's job and his own job as sees them."

② "He then sets down the performance standards which he believes are being applied to him."

③ "Next, he lists the things he must do to attain these goals — and the things within his own unit he considers the major obstacles."

④ "He lists the things his superior and the company do that help him and the things that hamper him."

⑤ "Finally, he outlines what he proposes to do during the next year to reach his goals."

誤った方向付けを避けるためには特別の努力が必要です。上から下へのコミュニケーションでは相互理解は得られません。下から上へのコミュニケーションよってしか相互理解は成し遂げられないのだとドラッカーは言います。つまり、上司の聞く意欲と、部下の意見が聞けるように設計された道具（「マネジャーの手紙」のような）が必要なのです。

世の中の目標管理制度がうまく機能しない理由は、会社や上司が部下に目標を押し付け、それを上司が管理するような方法になってしまっているからだと思います。

目標管理の最大の利点は、自分自身が自分の成果（performance）を管理することができることだとドラッカーは言います。目標管理の最大の貢献は、支配によるマネジメントではなく、自己管理によるマネジメントが可能になることです。そのためには、目標を明確にしておくだけでなく、自分の仕事ぶり（performance）や成果（result）が測定できなければなりません。

目標と自己管理によるマネジメントには自己規律が欠かせません。自分に高い要求水準を求めることを強いるのです。目標と自己管理によるマネジメントは「人は責任を担いたい、貢献したい、達成したいと望んでいる」という仮定からスタートしています。これは大胆な仮定であるとドラッカー自身が認めています。１３１ページで述べたように、マクレガーのY理論だけでうまくいくわけではない。しかし、世の中には達成意欲がある人がたくさんいるという前提に立たなければ何も前に進まない。ただ、達成意欲がある人が世の中にたくさんいることは事実なのだとドラッカーは言うのです。

ドラッカーは同時に、私たちは「人はおおむね期待されるように行動する」ということも知っていると言います。マネジャーが「人は弱く、無責任で、怠け者だ」という仮定から入ると、部下はその通りに振る舞い、彼らは堕落します。

たとえマネジャーが、人は強く、責任感があり、貢献したいと思っていると仮定しても、現実的にはそれが裏切られ、ときどき落胆する経験をするかもしれません。しかし、マネジャーの第一の役割は部下の強みを活かすことです。そのためには、人は達成意欲を持っているという仮定から入るしかないのだとドラッカーは言うのです。

〈コラム〉 人は人に期待されるように行動する

ドラッカーは、目標と自己管理によるマネジメントには、「人は責任を担いたい、貢献したい、達成したいと望んでいる」という大胆な前提をベースにしているが、同時に私たちは「人はおおむね期待されるように行動する」ということも知っているので、先ずマネジャーはそう期待することから始めるしかないのだと言いました。

ここで、「人は人に期待されるように行動する」ということを説明した理論を紹介しておきます。ピグマリオン効果です。ピグマリオン効果は、ギリシャ神話に出てくるピグマリオン王の逸話から名づけられました。「ピグマリオンは自分で作った女性の彫刻があまりに美しかったので、その自分で彫った彫刻に恋をしてしまいました。そして、彫刻に命が宿ることを祈り続けたのでした。その結果、神によって彫刻に命が吹き込まれ、その命が吹き込まれた彫刻と幸せに暮らしました」という話に由来しています。

ピグマリオン効果は、アメリカのローゼンタールらが行った次のような実験で説明されます。小学生にある意味のあるテストをし、成績のいい子だけ集めて、担当してくれる先生に「この子たちは優秀な子ですからよろしくお願いします」と言って預けました。ところが実際には意味のあるテストなどしておらず、ランダム（無作為）に集めた子供たちを、ただ先生に預けるときに「この子たちは優秀な子ですからよろしくお願いします」と言って預けたのです。そうすると、選ばれた子供たちだけが1年後に優秀な成績をおさめたというのです。つまり、ピグマリオン効果の言わんとするところは「人は人に期待されるように行動する」ということなのです。

これがビジネスの世界に応用されたのがピグマリオン・マネジメントですが、ビジネスの世界でこのピグマリオン効果が実証されている研究成果はいくつもあります。ランダムに集めた社員を「この社員たちは優秀な社員ですから」と言って上司に預けたそのグループだけが大きな成果をあげたといった例です。

ドラッカーが言うように、あなたがいくら部下に期待してみても落胆する結果にしかならないことがあるかもしれません。しかし、マネジャーは部下に期待することから始めるしかないのです。


ドラッカーは、「哲学などという大げさな言葉は使いたくないが」と前置きしながらも、「目標と自己管理によるマネジメント」こそがマネジメントの哲学だと言います。ここでいう「哲学」とは根本原理という意味でしょう。つまり、マネジメントの根本原理が「目標と自己管理によるマネジメント」に集約されているると言っているのです。そこには、組織はどうあるべきか、人間はどうあるべきかが示されています。

社会の一機関としての組織は社会に貢献しなければなりません。その貢献とは、組織の役割の1番目の「それぞれの組織の目的と使命を果たす」こと、そして組織の役割の2番目である「働くことを通して従業員を幸せにする」ことです。

「目標と自己管理によるマネジメント」における目標は、それがだれの目標であろうと組織全体の成果をもとに設定されなければなりません。そして、その中の個人目標のマネジメントは、他人からの支配によるマネジメントではなく、自己管理によるマネジメントになります。だれかから求められて行動するのではなく、自分が必要と思ったからこそ行動を起こす。つまり、従業員は自由人として行動することになるのだとドラッカーは言うのです。

読者のみなさんはこんな自由は本当の自由ではないと思うかもしれません。しかし、ドラッカーが言うように完璧《かんぺき》な社会体制などありません。産業社会の中で市場による人間疎外という代償を払いつつも妥協しながら自由な社会を求めていくしかないという超現実的なドラッカーの思想がここに表れているのだと私は感じます。

ただ、ドラッカーはこの目標と自己管理による自由を、これこそが本物の自由(genuine freedom)だと述べています。それは客観的なニーズを個人の目標に置き換え成果をあげるという、貢献と責任をベースにした自由だからでしょう。ただ単に好きなことをするだけでは自由はもたらされません。責任を伴う自由こそが真の自由なのです。

私がサラリーマンだった頃、上司からマネジャーの役目は「組織の目標」と「個人の目標」を一致させることだと言われ、その頃は何のことかわかりませんでした。しかし、ドラッカー経営学を知り、その意味がわかりました。個人は自由に活き活きと生きるべきです。そうでなければ幸せとは言えません。しかし、組織人としての行動はその自由な行動が組織の成果と同じ方向を向いていなければならないのです。

(3) 成果に係わる精神と実践

マネジャーの第一の役割は、投入した資源より多くのものを生み出す生産的な組織を創り出すことです。投入した資源より大きなものを創り出せるのは人間の精神だけです。物質的な世界ではエネルギーを保存するのが精いっぱいです。

では、投入したものより多くを生み出す組織の精神とはどういうものでしょうか。大切なのは人間の精神ですが、それは説教などではありません。精神は行動の裏付けがなければ意味をなしません。つまり、精神とは実践でなければならないのです。投入した資源より多くものを生み出すには次のような実践が必要になるとドラッカーは言います。

①組織の焦点を成果に当てる。
②組織の焦点を問題ではなく機会に当てる。
③人々に影響を与える決定（人材配置、報酬、昇進、降格など）は組織の価値観や信条を表したものにする。
④人に関する決定に関しては、「真摯さこそがマネジャーにとって絶対的に必要なものである」ことを明確にし、そのことを自分にも課す。

ともすれば平凡でよいという誘惑がどの組織にも生まれます。投入した資源より多くのものを生み出すには、先ずマネジャー自身が高い成果基準を掲げる必要があります。また、組織を問題ではなく常に機会に向かわせるようにしていれば、組織は成果への高い精神性を持つことになります。エネルギーを成果がでる分野、つまり機会に向けておけば、組織は興奮し、挑戦し、達成感を味わうことになります。

人々は昇進や人材配置など人に係る経営層の判断に過剰なまでに反応する傾向がありま す。このような判断は事実上経営層の理念や信条を組織の人々に伝えることになります。

経営層の誠実さ（sincerity）や真剣さ（seriousness）を証明する最終的な方法は、人格の真摯さ（integrity of character）を徹底的に強調することです。リーダーシップは人格を通して発揮されます。範を示すのも手本にされるのも人格であるとドラッカーは言います。

ドラッカーは真摯さを定義するのは難しいが、真摯さが欠如する人物がどんなものかは定義できるとして次の５つを挙げ、そのような人をマネジャーにしてはいけないと言います。

①人の強みではなく弱みに注目する人
②「何が正しいか」より「誰が正しいか」に関心を持つ人
③真摯さより知性を重んじる人
④力のある部下を恐れている人
⑤高い目標を掲げない人

①については説明はいらないでしょう。成果をあげようと思えば人の強みを活かすしかありません。人の弱みに注目する人は組織の精神を弱らせてしまうとドラッカーは言いま

す。

②の「何が正しいか」より「誰が正しいか」に関心を持つ人がなぜ真摯さに欠けるかは少し説明が必要でしょう。前述したように、マネジャーであるとは責任を負うことを意味します。マネジャーの目標は上司や自分が何を望んでいるかではなく、事業の客観的なニーズを反映しているべきです。確かに、上司の期待に応《こた》えることは大切です。ただ、それより大切なのはその期待が大きな組織の目標に合致しているかどうかに関心がなければばならないということです。もし、判断の基準を事業の客観的なニーズにおくのではなく「だれが正しいか」においてしまえば、「何であれば受け入れてもらえるか」といった間違った道に進んでしまいます。「誰が正しいか」という問いへの関心は人を保身に導くとドラッカーは言います。

③番は何も説明は要りませんね。マネジャーにとって何よりも大切なのは真摯さです。ドラッカーは③のように考える人を未熟であり、それは普通直らないと言います。

繰り返しますが、マネジャーの真摯さとは部下と一緒に共通の役割を果たすことです。このマネジャーの職務上の真摯さに関連するのが④と⑤です。④はマネジャーとしての弱さを示しています。④や⑤の人は、高い成果をあげるというマネジャーが持つべき役割を軽視することにつながっていきます。

ドラッカーは知識や能力が欠けても大きなダメージにはならないが、真摯さが欠けると人も精神も成果も全てを破壊してしまうと言います。とりわけ組織のトップに真摯さが欠けると事態は深刻になるとドラッカーは言います。組織の精神は経営トップ次第で決まるからです。

(4) 部下とのコミュニケーションについて

組織の中でコミュニケーションがいかに重要かは指摘するまでもありません。ドラッカーはコミュニケーションについても鋭い指摘をしてくれます。ドラッカーはコミュニケーションには次の4つの基本原則があると言います。

①コミュニケーションは知覚である　(Communication is perception.)
②コミュニケーションは期待である　(Communication is expectation.)
③コミュニケーションは要求する　(Communication makes demands.)
④コミュニケーションと情報は異なる　(Communication and information are different.)

これだけでは何のことかよくわからないと思います。一つずつ説明していきましょう。1番目にまた知覚（perception）という言葉が出てきました。第1章でも述べた通り、私は“Perception”はドラッカーを理解するための重要な単語だと思っています。“Perception”は“Perceive”の名詞形であり、“Perceive”は「気付く」「理解する」「（真相などを）読みとる」といったニュアンスの言葉だと説明しました。

コミュニケーションが知覚であるということの第一の意味は、コミュニケーションは相手に理解されて初めて成り立つということです。コミュニケーションの主体は送り手ではなく受け手だということです。コミュニケーションは相手が理解できる言葉で相手が理解できる範囲のことを言わなければ相手には理解してもらえません。ドラッカーはソクラテスの言葉「大工と話すときは、大工の言葉を使え」を紹介しています。このことはそう言われればしごく当たり前のことなのですが、多くの人がそうできていません。

「コミュニケーションは知覚である」という2つ目の意味は、人の言うことを理解するとは、その人が発する言葉だけではなく、声のトーンや表情などいろんな要素が含まれるということです。まさしく、コミュニケーションには全人格が関わってきます。それらのいろんな要素から「(真相などを)読みとる」のがコミュニケーションなのです。

２番目の「コミュニケーションは期待である」ということも言われれば納得がいくことだと思います。私たちは一般的に、見たいことを見、聞きたいことを聞くという傾向があります。人は自分が興味のあることにしか関心を示しません。ですから、コミュニケーションを成立させるためには、相手が何を見聞きしたいと思っているのかを把握しておく必要があります。

３番目の「コミュニケーションは要求する」とはどういうことでしょうか。コミュニケーションをとる場合、通常送り手は何かを伝えたいと思っています。送り手はコミュニケーションによって、受け手が何者かになったり、何かの行動をとったり、何かを信じることを要求するのです。そして、もしコミュニケーションが受け手の願望、価値観、目的に合致すれば、それは大きな力になります。

４番目の「コミュニケーションと情報は異なる」も説明すれば簡単に理解できると思います。情報は純粋に形式的なものであり意味を持っていません。情報は論理であり、それは感情や価値観や期待といった人間的な要素と切り離されていればいるほど信頼性と有効性が高まります。一方でコミュニケーションは極めて人間的なものであり、それは前述した通り全人格的な“Perception”なのです。

ただ、ドラッカーは「コミュニケーションと情報は異なる」と言っているだけでなく、それらは相互に依存していると言っています。長い人類の歴史の中で、コミュニケーションの中からいかに情報を拾い集めるかが課題でした。逆に情報が多ければ多いほど行き違いが生じ易くなり、優れたコミュニケーションが必要になってくるのです。

以上のコミュニケーションにおける4つの基本原則をベースにして、私たちは現場のコミュニケーションで何を注意しておけばよいのでしょうか。ここでもドラッカーは鋭い指摘をしてくれます。

これまで組織の中では上から下へのコミュニケーションを実施してきました。つまり、コミュニケーションは送り手が主役であるという発想です。しかし、コミュニケーションの基本原則からわかるように、組織の中でよく行われている上から下へのコミュニケーションは効果がありません。上から下へ伝えられるのは命令だけです。上から下へのコミュニケーションでは部下への動機付けや理解に係《かか》わることは何もできないのです。組織の中では下から上へのコミュニケーションが求められます。

では、上司が部下の話に耳を傾ければそれでよいのでしょうか。最近のコミュニケーションにおける考え方は「聞くこと」が中心に置かれているように思えます。上司が聞く耳を持つことは先ず必要です。しかし、ドラッカーはそれだけでは不充分だといいます。上司が部下の言うことを理解できるというのは、部下にはコミュニケーションの能力があるということが前提になっています。

コミュニケーションの４つの基本原則に立ち返ってみてください。すべての部下は上司の言葉で話ができるでしょうか。部下は上司が期待していることを理解しているでしょうか。部下が上司の言葉で話ができ、上司の期待を理解していなければコミュニケーションは成り立ちにくいのです。上司がうまくコミュニケーションできないのに、部下がうまくコミュニケーションできると考えるのはおかしいのではないかとドラッカーは指摘します。

下から上へのコミュニケーションを先ず定着させ、上司が聞く耳を持つことは大切です。しかし、それだけでは充分ではありません。ドラッカーは下から上へのコミュニケーションは、お互いが理解できるものは何か、両者に共通するものは何かに焦点を当てなければならないと言います。その方法は目標によるマネジメントを実践することです。

「マネジャーの手紙」で説明したように、先ず部下に組織に対してどのような貢献をし、どのような責任を負うべきかを自分で考えさせ、それを上司に報告させます。部下が報告する内容は一般的に上司の期待に沿いません。このことによって、上司と部下の認識の違いが浮き彫りになり、いろいろなせめぎ合いが出てきます。その過程の中でお互いの様々な考えを聞きだし、お互いがお互いを理解し配慮し合えるようになるのです。

〈まえがき〉で述べた、「同じ事実を違ったように見ていることを互いに知ること自体が、コミュニケーションである」とはまさにこのことなのです。人はそれぞれに立場、考え方、情報量、価値観、世界観などが異なります。現場でのコミュニケーションにおけるトラブルの事例を思い起こしてみてください。コミュニケーションがうまくいかない理由の大半は、同じ事実を違ったように見ていることが原因であることに気付かされるでしょう。

ドラッカーはコミュニケーションにおいてさらに鋭い指摘をします。前述したように、コミュニケーションと情報は異なるものです。ドラッカーは、完璧なコミュニケーションは論理とは一切関係ない、完璧なコミュニケーションとは「共有された経験」かもしれないと言います。

これは論理とは関係なくわかりあえる状況のことを言っているのでしょう。ある経緯と状況と立場を共有している人たちは、目を見つめるだけですべてが理解しあえます。例えば、仕事においてある差し迫った状況になった場合に、上司と部下がその経緯と状況と立場を共有していれば、だれが何をしなければならないかは目を見つめあうだけでわかりあえるでしょう。大切なのは情報ではなく“Perception”です。つまり、言葉の必要のないコミュニケーションこそが最良のコミュニケーションなのです。

良好なコミュニケーションを図るには経験の共有が欠かせません。「私からあなたへ」といった考えではコミュニケーションは成り立ちません。共通の目的と目標を持った「私たち」という関係の中でしかコミュニケーションは成り立たないのです。つまり、コミュニケーションとは、組織の手段（means of organization）ではなく、組織のあり方（mode of organization）なのだとドラッカーは言うのです。

いかがでしょうか。コミュニケーションのトレーニングでよくあるような「相手の話をよく聞く」といったことだけではコミュニケーションは成り立たないのです。部下と上司が共通の目的や共通の成果について話し合い、「私たち」という関係を作ること、そういう職場をつくることこそがコミュニケーションなのです。

第4章　イノベーションのために何をなすべきか

（1）体系的なイノベーションの必要性

第2章をお読みいただき、企業にとってイノベーションがいかに重要であるかご理解いただけたと思います。企業の第一の目的は「顧客の満足」ではなく「顧客の創造」です。顧客自身が気付いてもいない、今までになかった商品やサービスを提供するには企業側からの働きかけが必要です。それができなければ企業の価値は半減します。また、社会も人のニーズも変化します。企業はその変化に対応し、変化を先取りし、自らが変化を創り出していかなければならないのです。

アメリカでは１９６５年から１９８５年の20年間に約４０００万人の雇用が生み出されました。その頃は煙突産業といわれる従来の重厚長大型の大企業の雇用が大きく失われていた時期です。何がこの雇用を生み出したのか。そのほとんどが中小の企業であり、そのかなりの部分が20年前には存在していなかった新しい企業だったとドラッカーは説明しています。つまり、起業家的経済がその頃の雇用を生み出したのです。

ドラッカーは「なぜだかわからないが」と前置きして、その頃突然、大組織の安定を避け、気が狂ったように働き、冒険を冒すことを好む若者が大勢現れたと言います。考えてみればマイクロソフトのビル・ゲイツやアップルのスティーブ・ジョブズが創業したのもその頃です。成長分野はハイテク産業だけでなく、製造業、医療産業、教育産業、外部へ委託される公共サービスなど幅広い分野に及んでいました。

ドラッカーは、マネジメントという手法と考え方を新しい事業、小さな事業、企業以外の事業、体系的なイノベーションなどに適用したことにより起業家経済が現れたと言います。マクドナルドが成功したのは技術的なイノベーションでも、ハンバーガーの味が革命的だったからでもありません。それはハンバーガービジネスにマネジメントを適用したからでした。

イノベーションは何も技術的なものだけに限りません。19世紀に発明された割賦販売という手法は経済を変質させました。コンテナ船の発明は海運業の生産性を4倍高めました。ドイツのマイスター制度による現場訓練と学校教育の統合はドイツ産業の力の源泉となりました。社会的なイノベーションの方が与えるインパクトは大きく、これらは全て、知識の適用における新機軸だとドラッカーは言います。

技術史上、19世紀の偉業は「発明」を発明したことだったとドラッカーは指摘します。

それまでの発明は天才の偉業でした。しかし、発明は研究開発へと進化し、目的とする成果と、実現可能な成果について、確度の高い予想を持ちつつ行われる。発明が計画され組織化され意識的に行われるようになったと言うのです。

イノベーションについても同様のことを考える必要があります。イノベーションと起業家精神にもマネジメントを適用していかなければならない。イノベーションを天才の偉業に頼っているわけにはいきません。起業家として活躍したい人は、その人が組織の中でイノベーションを行おうが、組織の外でイノベーションを行おうが、目的意識を持ったイノベーションにその基礎を置き、イノベーションに体系的に取り組む必要があるとドラッカーは言います。なぜなら、世の中に天才はほとんどいないからです。

ドラッカーは、イノベーションと起業家精神は努力して身につけ、実践できるものであると言います。世の中にはプロクター&ギャンブルや3Mなど、イノベーションを体系として持っている企業があります。成功したイノベーションのほとんどは平凡であり、変化を利用したにすぎません。つまり、イノベーションのノウハウとは変化に関するノウハウだとドラッカーは言うのです。

ドラッカーは起業家精神の原理は次の2つだと言います。

①変化を健全かつ当然なものとして見ること
②新しいことを行うことに社会的な価値を見出《みいだ》すこと

つまり、起業家とは変化を探し、変化に対応し、変化を機会として利用する者のことです。そして、企業は変化やイノベーションの機会を意識的、組織的に探求する必要があるとドラッカーは言うのです。

（２）組織や産業の内部におけるイノベーションの機会（４つ）

では、どうやってイノベーションの機会を探せばいいのでしょうか。ドラッカーは１０００件を超えるイノベーションの事例を調べ、体系的なイノベーションとは次の７つの領域においてイノベーションの機会を探すことだと教えてくれます。

①予期せざるもの　(The Unexpected)
②調和せざるもの　(Incongruities)

③ニーズ　(Process Need)
④産業と市場の構造変化　(Industry and Market Structures)
⑤人口構成の変化　(Demographics)
⑥認識の変化　(Changes in Perception)
⑦新しい知識　(New Knowledge)

最初の4つが組織や産業の内部についての事象であり、後の3つが組織や産業の外部についての事象です。ドラッカーはこれら7つの領域は明確に分かれているのではなく重複する部分も多いが、順番には意味があると言っています。すなわち、信頼性、確実性の高い順番に並べられています。先《ま》ずは、信頼性と確実性の高い、組織や産業の内部におけるイノベーションの4つの源泉について説明しましょう。

①の「予期せざるもの」とは、予期せずに訪れる成功や失敗です。予期せざる成功こそイノベーションの最大の機会であるとドラッカーは言います。私はここにまたドラッカーの真摯《しんし》さが表れていると思います。

ドラッカーはイノベーションを体系的に行えと言います。ただ同時に、ドラッカーは人間の認知限界や思考の限界、そして人間には誤解や思い過ごしがあることをよく認識していたのだと思います。

机の上で「変化とは何か」「変化は何であるべきか」などと考えてもわかりません。未来は考えてもわかりません。既に起こっている現象や兆候を分析するしかないのです。問題はそれが何の兆候であるかを考えることです。

予期せざる成功は、消費者の価値観、期待、行動様式の基本的な変化を意味しています。この予期せざる成功の本質に気付こうとするかどうかが重要なのです。ここでもやはり、ドラッカーは論理と同時に“Perception”が必要なのだと言っているように私には思えます。

〈コラム〉「予期せざるもの」がイノベーションのきっかけを作る

予期せざる成功については、特殊な鏡の分野でイノベーションを起こし続けているコミー株式会社の例で説明するとわかり易いでしょう（ちなみに、同社の小宮山《こみやま》栄《さかえ》社長はドラッカー学会会員です）。小宮山社長は同社の予期せぬ成功をきっかけに社業を拡大してこられました。最初は、同社がディスプレー用に開発した回転ミラーが、予期せぬことに防犯用に使われていたことでした。これにより同社の防犯ミラーの事業が拡大しました。次は防犯用に使われていると思っていた防犯ミラーが、予期せぬことに接客向上のツールとして使われていたことでした。このことにより防犯ミラーの用途が、その他の広範囲な用途に拡大していきました。

予期せざる成功はイノベーションのための機会であるだけでなく、イノベーションを行うことを要求している。つまり、予期せざる成功は、事業、技術、市場の定義の仕方をいかに変えるべきかを自らに問うことを要求するのです。予期せざる成功がイノベーションの機会であるというのは、まさに予期せざるものが、通念や確信を打破してくれるものであるからだとドラッカーは言います。

まさに、コミーの例が示す通りです。小宮山社長はコミーの発展の礎は、自分たちの誤解に気付いたことだと言います。

一方、予期せぬ失敗はほとんどが計画や実施の段階の過失、貪欲《どんよく》、愚鈍、物まね、無能によって起こるが、もし慎重に計画し、慎重に実施したものが失敗した場合、そこには変化と機会が存在すると見るべきだとドラッカーは言います。

いずれの場合も、ただ単に分析するだけではなく、現場に出て、よく見、よく聞くことが必要不可欠だとドラッカーは指摘します。コミーの小宮山社長も予期せざる成功の理由を聞きに行くには勇気が必要だったと言います。間違って注文していて「あんなもの買わなければ良かった」と罵倒《ばとう》されるかもしれないと不安に思いながらお客様のところに行ったそうです。予期せざる成功や失敗はその理由を現場に出て調べなければならないのです。

予期せざる成功を組織的にイノベーションの機会として活用するには、だれかが予期せざる成功を分析し、それをいかに利用するかについて徹底的に考えなければなりません。イノベーションの機会は幸運やカンによって手に入るものではありません。それを意識的、組織的に行いなさいとドラッカーは言うのです。

2番目の機会である「調和せざるもの」のことを、ドラッカーはあるべき姿と現実との乖離《かいり》だと定義しています。これは「問題」の定義と同じです。問題とはあるべき姿と現実とのギャップのことです。まさに、問題があるところに機会があるのです。この調和せざるものは、予期せざる成功や失敗と同様、すでに起こった変化や起こりうる変化の兆候だとドラッカーは言います。

イノベーションの機会としての調和せざるものをドラッカーはいくつかに分類していますが、本書では「プロセスにおける調和せざるもの」について説明しておきます。プロセスにおける調和せざるものとは、仕事のプロセスのなかで何か一つだけ問題になっているところを意味します。ドラッカーは、白内障の手術全体は簡単なのに、ある一か所だけ難しいところがあり、そのポイントをある製薬会社が特殊な酵素の保存薬を開発することで解決した例を挙げています。

このようなプロセスにおける調和せざるものはその業界にいる人ならだれでも知っています。大切なのは耳を傾け、皆の言うことを真剣に受け止めたかどうかなのです。

〈コラム〉「調和せざるもの」は現場の声に耳を傾けて発見する

私は何年か前にタクボという会社の物置を買いました。ホームセンターの作業者の方が物置の設置に我が家に来られました。私も時間があったので外に出て設置のお手伝いをしたのですが、その作業者の方が「タクボの物置はいいですよ。幅1間（約180cm）ある物置は手が届かないので普通は一人では組み立てられないんです。このタクボの物置は天井の金具にフックがついていて、それを片方の柱に引っ掛けておいて一人で組み立てられるような工夫がしてあるんです。この会社の営業マンはよく私たちのところに来て組み立ての不具合などを聞いて、それが次のモデルチェンジには必ず反映されるんです。クレームがあったときも、別の会社だと私たちが対応するんですが、このタクボだけは必ずメーカーの人が直接お客様のところに行くんです」と言われたのです。

イノベーションの種は現場にある。まさにドラッカーの指摘の通りだと思いました。

3番目の機会である「ニーズ」について、ドラッカーはイノベーションの機会としてのニーズは「プロセス・ニーズ」と「人口構成の変化に起因するニーズ」が一般的であるとしています。プロセス・ニーズとはあるプロセスの中でボトルネックになっているところを指します。これは先ほど説明したプロセスにおける調和せざるものと似ていますので説明を割愛します。また、人口構成の変化によって出てくるニーズとは、人口減少によるロボットのニーズなどです。まさにこれらは「必要は発明の母」といったことでしょう。

4番目の機会である「産業と市場の構造変化」については説明の必要がないでしょう。例えば、日本の地方の町に行けばどこも駅前商店街はシャッターを閉め、ほとんどの人は郊外の大型ショッピングモールで買い物をします。その大型ショッピングモールには、靴だけとか下着だけとかを売っている専門店が軒を並べています。大規模化と専門化が進行する商売のスタイルの変化の中にはまだまだイノベーションの機会があるでしょうし、駅前商店街の方もまさにイノベーションが期待されています。産業と市場の構造変化こそ、体系的な分析とイノベーションの絶好の機会なので、起業家たる者はそこに必ずや機会が存在することを期待してよいとドラッカーは言います。

産業構造の変化に伴うイノベーションは、その産業が独占または寡占的な安定している状況の業界において成果を収めやすいとドラッカーは指摘します。そういう意味では、銀行、保険、大学などの業界はまさにイノベーションが求められています。銀行や保険においては従来とは違うネット系や流通系のプレーヤーも出てきています。大学が知識労働者の育成に真に貢献するには大きなイノベーションが必要でしょう。

産業構造の変化はその産業の内にいる者にとっては脅威ですが、外部の者にとっては大きなイノベーションのチャンスになります。今後見込まれる電気自動車の普及も自動車及びその関連産業の構図を大きく変えていくのではないでしょうか。

（3）組織や産業の外部におけるイノベーションの機会（3つ）

次は、組織や産業の外部におけるイノベーションの機会について説明します。最初は「人口構成の変化」です。これは極めて重要な分野です。なぜなら、将来の予測がほぼ確実に行えるのは人口構成の変化だけだからです。

人口構成の変化とは総人口の増減だけでなく、年齢構成、家族構成、所得階層などの変化も含まれます。今後予想される老齢人口の増加、女性の社会進出、単身世帯の増加、貧富の差の拡大などはイノベーションを生み出す大きな機会になります。

人口構成の変化の分析は数字から始まります。しかし、例えば老齢人口が増加したときにそこにどのようなイノベーションが必要かは、対象となる人達の価値、期待、ニーズ、欲求を知らなければなりません。つまり人口構成の変化による機会も、外へ出て質問し、耳を傾けることによって初めて信頼性と生産性の高いイノベーションの機会になるのだとドラッカーは指摘しています。

次は「認識の変化」です。商品やサービスを買うのは人間です。認識の変化はイノベーションの機会を見つける分野としては極めて重要です。認識の変化としての健康志向、環境志向、心の豊かさ志向、本物志向、グルメ志向などは既に様々なイノベーションを生み出してきました。30年前に、現在のスポーツジムで見られるような、室内のベルトコンベヤーの上で走り続ける人がこんなに増えると予想した人はそう多くなかったでしょう。

ただ、認識の変化はそれが一過性のものであるか恒久的なものであるかを見極めるのは簡単なことではありません。特に日本ではいろんなものがすぐにブームになり、同時にそのブームはすぐに消えてなくなります。認識の変化をイノベーションの機会としてとらえるには迅速さが大切です。しかし、変化の見極めが難しいので、認識の変化によるイノベーションは小規模に範囲を限定した上でスタートせざるを得ないとドラッカーは指摘します。

最後は「新しい知識」です。ドラッカーは、これこそが起業家精神の華、「スーパー・スター」であると言っています。知識に基づくイノベーションは科学や技術に関するものだけでなく、前述した割賦販売の発明など知識に基づく社会的イノベーションもあります。歴史を大きく変化させるようなイノベーションは知識に基づくものが一番多いとして、ドラッカーはかなりのページを割いて説明しています。

いろんな事例の中で、知識によるイノベーションの一つの特徴は、それが異なる知識の合体によって起こることだと指摘しています。例えば、ライト兄弟の飛行機は空気力学とガソリン・エンジンが合体して初めて実現しました。

ただ、この知識に基づくイノベーションはリードタイムが長く、失敗率が高く、予測も管理も困難であるとしています。ドラッカーは、ディーゼルエンジン、コンピューター、抗バクテリア剤など、いろんな例を引き合いに出し、リードタイムは25年から35年に及ぶと言っています。知識に基づくイノベーションには高いリスクが伴います。リスクが高いだけに、経営管理や財務的な見通しが必要になってくるとドラッカーは指摘します。

以上がイノベーションのための機会を探す7つの分野の説明です。イノベーションをおこすにはどうすればいいのか一人で考えても、ほとんどの人は頭が混乱するばかりでしょう。前述したように、ドラッカーはイノベーションのノウハウは変化に関するノウハウであり、起業家とは変化を探し、変化に対応し、変化を機会として利用する者だと言っています。

では、その変化はどこで見つけるのか。それがドラッカーの言う7つの分野です。ドラッカーの指摘する7つの分野とその特徴をもう一度整理すると次のようになります。

①予期せざるもの（身の周りにある変化を分析しその兆候に気付く）
②調和せざるもの（問題があるところにイノベーションの機会がある）
③ニーズ（必要は発明の母なり）
④産業と市場の構造変化（ここに必ず大きなイノベーションの機会がある）
⑤人口構成の変化（唯一、明瞭《めいりょう》に将来が予測できるもの）
⑥認識の変化（一過性か恒久的か、タイミングが重要）
⑦新しい知識（これこそイノベーションの王道）

（4）素晴らしいアイデアを追い求めるな

これで7つの分野の説明は終わりですが、実はこれら7つの分野以外にもう一つ、極めて影響力の大きい分野があるとドラッカーは指摘しています。それは、素晴らしいアイデア（The Bright Idea）によるイノベーションです。この素晴らしいアイデアによるイノベーションの数は、以上の７つの分野によるイノベーションを全部合わせたものより多く、10の特許のうちの７〜８がこの種のもので、ニュービジネスの大半はこの素晴らしいアイデアによるイノベーション絡みのものだとドラッカーは言います。

考えてみればそうです。多くのビジネスは創業者のひらめきからスタートしています。そして、多くの人はそのひらめきがどこからくるのか、どうしたらそのひらめきを得られるのかを知りたいと思っていることでしょう。そして、ひらめきさえあれば自分も成功できるのにと密《ひそ》かに思っているのではないでしょうか。読者のみなさんがドラッカーに聞きたい一番のポイントは、このひらめきはどうすれば得られるのかということかもしれません。

では、なぜドラッカーは、素晴らしいアイデアに基づくイノベーションについてその方法論を語らないのでしょうか。それは、その仕組みがわかっていない上に、成功の確率が極めて低いからだとドラッカーは言います。

私は10年程前にサラリーマンを辞めました。何かやりたいことがあって辞めたわけではなかったので、独立した当初は実用新案で楽に飯が食えればいいなと思っていた時期がありました。実際に実用新案も一件出願しました。しかし、現実にはそんなことではビジネスになりません。いま考えれば当たり前のことです。そんなことにも気づいていなかった自分が恥ずかしくなります。

ドラッカーは、アイデアによるイノベーションによって特許を取得したとしても、その開発費に見合う収入を得られるのは１００に一つもない。使った費用を上回る金を稼げるのは５００に一つくらいだと言っています。

アイデアにもとづくイノベーションは予測が不可能であり、組織化や体系化が難しい。起業家たるものは、いかに成功物語に心を動かされようと、アイデアにもとづくイノベーションには手を染めないほうがよいとドラッカーは忠告しています。

しかし一方で、ドラッカーは、このアイデアによるイノベーションの価値は極めて高く、しかもそれは社会にとって最も必要な資質、つまりイニシアティブ、大志、創意工夫の才の健在ぶりを示すものだとして非常に高く評価しています。さらに、特許料を高くするなどして、アイデアを生もうとしている人を社会として疎外したり邪魔したりすべきではないとまで言っていることを付け加えておきます。

(5) イノベーションの原理

医療の分野ではある病気が奇跡的に回復するときがあります。それを「非科学的」だといって無視する医者はバカだとドラッカーは言います。奇跡は現実に起きています。しかし同時に、それを医学の教科書に載せるのは意味がないと言います。なぜなら、真似することも、教えることも、学ぶこともできないからです。

イノベーションの世界でも同じことが言えます。天才的なひらめきによってイノベーションはおこります。しかし、それは、真似することも、教えることも、学ぶこともできません。私たちが対象にできるのは体系的なイノベーションだけだとドラッカーは言います。

では、体系的なイノベーションとは何であり、体系的なイノベーションを行うためには何をすればよいのでしょうか。また、イノベーションを成功させるための条件は何なのでしょうか。ドラッカーは次の5つの「なすべきこと」と、3つの「なすべきでないこと」と、3つの条件があると言います。

〈なすべきこと〉

①先ず機会の分析から始める

②目を見開き、関心を持ち、耳をそばだてること
③シンプルなイノベーションにする
④小規模に始める
⑤トップに立つことを狙って行う

真似できない天才的なひらめきを狙ってはいけません。目的意識をもってイノベーションを行うなら前述の7つの分野からイノベーションの機会を分析することから始めなければなりません。また、イノベーションに必要なのは分析だけではありません。“Perception” つまり気づきが必要なのです。そのためには、顧客のところに行って、目を見開き、関心を持ち、耳をそばだてることが大切です。

また、成功したイノベーションはどれも極めてシンプルです。シンプルなイノベーションを小規模に始めることが肝要です。「産業に革命を起こす」などといった大掛かりな発想は先ずうまくいきません。

最後は、トップに立つことを狙ってイノベーションを起こすことです。イノベーションをビジネスにしていくにはいろんな方法と戦略がありますが、最初からトップになること

を狙わなければ、真の意味でイノベーションになる可能性は少ないのです。

〈なすべきではないこと〉

①利口であろうとしてはならない

②多角化してはならない

③将来のイノベーションではなく、現在のイノベーションを狙う

①と②は〈なすべきこと〉の裏返しのような話です。シンプルなことを、焦点を絞ってやらなければ成功はありません。また、20年後にビジネスになりそうだというイノベーションはうまくいかない。現時点でもすぐに役立つようなイノベーションでなければ成功しないのです。

〈イノベーションを成功させるための条件〉

①イノベーションは仕事であると認識すること

②成功するためのイノベーションは強みを基盤としなければならないこと

③イノベーションとは、経済や社会そのものに対して影響を与えるべきものであること

イノベーションを行う者はある特定の分野においてそれを行います。ほとんどの場合、一人につき一つの分野だけです。エジソンだってイノベーションを起こしたのは電気分野だけです。つまり、イノベーションにはその分野の専門的な知識が必要で、イノベーションをなしうるには、能力や創造性や資質だけでなく、勤勉さや持続性や決意といった他の仕事と同じ要素が必要になってくるとドラッカーは言います。

②については、イノベーションは自らの強みを基盤としなければならないとドラッカーは言います。成功するイノベーターは広い範囲においてあらゆる機会に目を向けますが、彼らはどの機会が自分たちや自分たちの組織に適しているか、どの機会が自分たちが得意とし実績のある能力を生かしてくれるかを考えます。強みの上に築くという点でイノベーションは他の仕事と同じですが、イノベーションにおける知識と能力の果たす役割とリスクの大きさを考えると、イノベーションにおいては自らの強みを意識することが特に重要だとドラッカーは言います。

③については、結局イノベーションとは市場の近くにおいて、市場に焦点を合わせて、

市場の刺激をうけながら行うものだとドラッカーは言っているのです。

　私たちがイノベーションのことを考えるとき、先ずは創業者たちの天才的なひらめきを思い浮かべるかもしれません。しかし、天才になるための方法を学ぶことはできません。次に新しい技術や知識による画期的なイノベーションを思い浮かべるかもしれません。しかし、それらは非常にリードタイムの長いイノベーションです。

　そう考えると、多くの人がイノベーションを行うためには何から始めればいいかがわかってきます。先ずは、顧客のところに行き、予期せざる成功や失敗の理由を突き止め、現場を見、耳を傾け、顧客の価値・期待・ニーズ・欲求を理解し、顧客が抱えている問題やニーズを解決することから始めるべきなのです。ドラッカーはそのためにも、イノベーションの機会を信頼性、確実性の高い順にならべてくれています。ドラッカーは、イノベーションにおいても先ずは顧客に焦点を合わせなさいと言っているのだと思います。

　これでイノベーションに関する説明は終わりです。次の章に移る前に、企業が持つべき基本的な機能であるマーケティングとイノベーションについてまとめておきましょう。

　ドラッカーはマーケティングの目標については先ず市場のおける地位についての目標を設定するのが大切だと言いました。そして、市場における地位についての目標を設定するためには、最初に何が自分の市場であるか、だれが顧客であるか、どこに顧客はいるか、何を買うか、何を顧客は価値と見るか、顧客の満たされない欲求は何かを知る必要があると言いました。

また、イノベーションについては7つの機会を探れと言いましたが、信頼性、確実性の高い順番の上位3つは「予期せざるもの」「調和せざるもの」「ニーズ」です。これらの分野でイノベーションを求めるには、顧客のところに行き、予期せざる成功や失敗の理由を突き止め、現場を見、耳を傾け、顧客の価値・期待・ニーズ・欲求を理解し、顧客が抱えている問題やニーズを解決することが大切なのです。

企業の第一の目的は「顧客の創造」です。そのための重要な機能がマーケティングとイノベーションです。そして、この2つの機能を文字通りうまく機能させるには、やはり顧客が起点になるのだということがよくわかります。

第5章　時代への対応と自己実現のために何をなすべきか

(1) 新しい時代とはどのような時代か

本書の最終章として、個人に焦点を当てて、この新しい時代をどう生きていけばよいのかについてドラッカーの考え方をまとめておきます。

いま私たちが直面している新しい時代とはどのような時代でしょうか。社会生態学者として社会の大きな流れを見てきたドラッカーは、1960年代にそれまで長く続いた継続の時代が大きく変わったと言い、1969年に出版した『断絶の時代』において、「起業家の時代」「グローバル化の時代」「多元化の時代」「知識の時代」の4点を指摘しました。その頃から、それまでになかった新しい産業がどんどん生まれ、グローバル化が進展し、多くの人が大きな組織で働きだし、その大きな組織が企業だけでなく行政、教育、医療など多元化されていき、肉体労働に替わって知識労働が中心の世の中になったことを指摘したのです。

40年以上も前に指摘されていたことですから、これらのことを新しい時代とは言えないかもしれません。しかし、これらが正にいま私たちが直面している課題の本質であり、これから生き抜いていかなければならない新しい時代の姿ではないでしょうか。

この時代の変化を前向きに捉えれば、私たちはいろんな仕事を、いろんな場所において、自らの知恵と工夫で取り組めるというワクワクする時代に生きているとも言えます。この４つの時代の中でも、知識労働者が中心の時代になったことは、私たちの生き方や働き方が大きく変化することを意味します。

２００２年に出版された『ネクスト・ソサエティ』（ダイヤモンド社）では、ニューエコノミー（ＩＴ化とグローバル化により活況となる経済）がやってくるかどうかは不明だが、ネクスト・ソサエティがやってくることは間違いないと言っています。ネクスト・ソサエティの特徴とは、少子高齢化の社会であり、知識労働者が中心となる労働力人口の多様化であり、製造業の地位の低下でした。そして、それゆえに企業のかたちが変わるとドラッカーは言いました。

事業における重要な知識を知識労働者が保有するため、知識労働者は資金の提供者と同じように資本の提供者になります。企業と労働者は同格の存在になり、フルタイムで働く人ばかりではなく労働の形態が多様化し、望ましいマネジメントは統合ではなく分散になります。さらに、多くの情報を昔のようにメーカーなどの供給者が持つのではなく、顧客が供給者より多くの情報を持つようになり、より多くの情報を持つ顧客がより強い力を持つようになります。

このように新しい時代の特徴についてドラッカーはさまざまなことを指摘していますが、やはり中核となる特徴は知識労働者が社会の中心になることです。これまでの先進国の成功要因の一つは肉体労働者の生産性が上がったことによるものでした。これからの時代は知識労働者の生産性をいかに上げるかがカギになります。企業の成功のカギは知識労働者が握るようになりますから、企業にとっては優秀な知識労働者をいかに引き付け、いかにその生産性を上げ、いかに彼らをつなぎとめておけるかが重要な課題になってきます。

知識労働者の価値は基本的に個人が保有していますから、これまでより自由に組織を移動できるようになります。また、知識が中心の世の中ですから変化のスピードが速い時代になります。知識労働者が組織を自由に移動するだけでなく、組織の寿命より個人の寿命の方がはるかに長い時代になります。組織の平均的な寿命は30年と言われていますが、人間はそれよりはるかに長く生き続けます。

知識労働者が中心になる時代は、働く組織も頻繁に変わり、自分が専門とする分野の内容もどんどん変化していく時代です。つまり、勉強し、経験し、習得したものがどんどん陳腐化していく時代になっていくのです。

そういう意味では、これからの新しい時代は必ずしも「ワクワクする時代」という面だけではありません。誰もが知識を持てるということは、だれもが努力すれば上方への移動が可能になる社会になります。しかし、それは同時に激しい競争社会になることを意味します。そして、だれもが勝者になるわけではありませんから、新しい社会は成功と失敗が併存する時代になるとドラッカーは言います。

21世紀は知識労働者が主役の時代になるでしょう。そして、時代が変わり、働き方や仕事の内容が変わり、社会はどんどん変化していきます。しかし、いろんなことがどんなに変化しようとも変わらないことがあります。それは、全ての知識労働者は成果が求められている、貢献が求められているということです。

現代は昔の狩猟民族の時代のように自分の餌を自分で捕ってくる時代ではありません。仕事は多様化し、社会は複雑になっています。ただ、どんな仕事をしていようと、現代社会はだれかに貢献することでしかお金がもらえないという仕組みになっています。企業は社会の役に立つからお客様からお金をもらい、公務員は住民の役に立つから税金という形でお金をもらい、従業員も組織の役に立つから組織から給料がもらえるわけです。では、知識労働者が高い成果をあげるためにはどうすればいいのでしょうか。

（2）組織マネジメントの方法から学ぶ

個人が成果をあげるための方法は組織のマネジメントの手法がそのまま役に立ちます。組織の目的は社会に貢献することです。つまり、成果が求められているわけです。社会に対して効果的に成果を出すための手法がマネジメントなのです。

個人が成果をあげるためにドラッカーが指摘している具体的な方法論は後ほど詳しく説明します。ここでは先《ま》ず、ドラッカーが示してくれた組織のマネジメントの方法を個人のマネジメントに応用してみましょう。

もう一度、組織の役割の①と②を確認しておきます。

①自らの組織に特有の目的と使命を果たす
②仕事を生産的なものにし、働く人たちに成果をあげさせる

これを個人に当てはめれば、個人が社会に貢献するためには次の2つの役割があること

になります。

①自らの目的と使命を果たす

②自らの仕事を生産的なものにし成果をあげる

では、自らが果たすべき目的と使命を定義するにはどうしたら良かったでしょうか。企業にとっては「自社の事業は何か」を問うことでした。個人でいえば、「自分の仕事は何か」を問うことです。

企業が「自社の事業は何か」を定義する場合に先ずやるべきことは、「顧客はだれか」「顧客は何を買うのか」を考えることでした。これを個人に当てはめていえば「自分はだれに貢献するのか」「貢献すべき相手は自分に何を期待しているのか」を問うことです。従業員にとっての顧客は、上司であり、所属する部門であり、仕事をする仲間であり、会社であり、その先の顧客であり社会です。この「自らの貢献は何か」を考えるためのヒントは237ページの「(4)果たすべき貢献という考え方」のところで詳しく説明します。

企業の目的が「顧客の創造」であったように、高い成果を目指す従業員にとっては自分の仕事の目的が、ただ単に上司のニーズを満足させるだけであってはいけません。どんな上司に仕えようが、上司から「君に任せる」と言われるような、仕事の仲間や顧客から「やっぱり○○さんじゃなければ」と言われるような存在を目指す必要があります。つまり、あなたが上司や仲間や顧客から「君がほしい」と言われるようになる。言葉を換えれば、上司や仲間や顧客を創造するくらいのレベルの人間になることを目指すべきです。

そのためにはどうすればいいのか。企業と同じ「マーケティング」と「イノベーション」です。あなたにとっての顧客となる上司や仲間や顧客の目標・期待・価値観、はたまた所属部門や会社の理念や目的や目標をよく理解しておく必要があります。

ここで私たちがよく認識しておかなければならないポイントは、仕事は決して自分のやりたいことをやるのではなく、自分のやるべきことを見極めることです。これはドラッカーが私たちに指摘してくれる非常に重要なポイントだと私は思っています。

また、高い成果をあげるには「イノベーション」がなくてはなりません。人と同じ仕事を人と同じように昔からやられていたようなやりかたでやっていたのでは注目される人にもなれませんし効率も上がりません。いまやっている仕事のやりかたが最悪のやりかただと思って仕事に臨むという態度が必要です。

ここまでの話は仕事の目的や使命を果たすための方法や考え方に関するものです。これからは仕事をやりがいのあるものにし、自分自身が活き活きと仕事をするための方法についてです。仕事にやりがいがあり、達成感が味わえるような仕事でなければ自分も幸せになれませんし高い成果も期待できません。

では、仕事をやりがいのあるものにするには何が必要だったでしょうか。キーワードは「責任」でした。責任をとるには仕事を生産的なものにし、自分の成果に対するフィードバックがある状態にし、継続学習を行うことでした。

ここで重要になってくるツールが「目標と自己管理によるマネジメント」です。例えば、180ページで説明した「マネジャーの手紙」を自ら実践するのも一つの方法でしょう。「マネジャーの手紙」はマネジャーのためだけにあるものではありません。一般従業員もあれをそのまま使えばいいのです。ここではこれを一般従業員が自分の上司であるマネジャーに宛てて作るとして「マネジャーへの手紙」と考えてください。

①あなた自身が先ず自分なりの理解に従った上司と自分の職務上の目標を定める
②自分に適用できると思われる仕事の成果基準を設定する

③目標を達成するためになすべき事柄と部門内での主要な障害について列挙する
④自分の助けになるもしくは妨げとなる上司や会社の行いを列挙する
⑤最後に、目標を達成するために次の年にやることを提案する

この「マネジャーへの手紙」を自ら作り上司とよく話をし、上司の期待や考え方を理解し、良好なコミュニケーションをとり、上司と自分が一緒になって共通の目標達成のために突き進んでいくという関係をあなた自身が率先して築きます。最終的に仕事は自由に自分の思う通りにやるべきです。しかし、仕事の目的や目標は会社や上司の目的や目標と一致していなければなりません。そして、自分の仕事の成果に自分で責任を持つようにするのです。

ビジネスに携わる者の「真摯《しんし》さ」とは会社の仲間と一緒に共通の成果をあげることであると認識し、成果にとことん拘《こだわ》る必要があります。同時に、人間関係においても「真摯さ」が最重要だと認識し、人に信頼・信用される行動と態度をとることが必要です。

以上は、私が勝手にドラッカーの組織マネジメント論を、個人が成果をあげる方法に適用して説明したものです。私はいままでの仕事人生の中でさまざまな仕事に携わってきま

した。機械エンジニアとしてサラリーマン人生のスタートを切りましたが、その後人事・企画・M&Aなどの仕事をし、退職してからもコンサルタント、研修講師、執筆などの仕事をしています。若いうちは仕事が変わるたびに不安を覚えていましたが、ある頃から「どんな仕事も基本は同じだな」と思うようになりました。次の2つのことはどんな仕事にも共通します。

①すべての仕事は成果を求められている
②すべての仕事は人を通して行われる

この2つのことが高いレベルでできれば、どこの会社のどんな職場に行っても引く手あまたになることは間違いありません。

(3) 成果をあげる方法と生産性を高める条件

次はドラッカーが具体的に述べている成果をあげる方法について解説します。ドラッカーは『経営者の条件』の中で、エグゼクティブが成果をあげるために身に付けるべき習慣的な能力として次の5つを挙げています。

①何に自分の時間がとられているかを知る
②貢献に焦点を当てる
③強みを基準に据える
④集中する
⑤成果をあげる意思決定を行う

この5つの項目の中でも最初にくるのは時間に関するものです。時間こそが全ての人に平等に与えられている資源です。この時間をいかに効率よく活用するかによって成果が変わってきます。

また、『非営利組織の経営』（ダイヤモンド社）の中で、成果をあげるには次の3つが必要だとドラッカーは言っています。

①行うべきことを決める

②優先すべきこと集中すべきことを決める
③自らの強みを活かす

この3点の方が成果をあげるためのポイントがよりわかり易いかもしれません。ドラッカーが考える成果をあげるための要点は結果から考えることです。つまり、成果とは何か、貢献とは何か、行うべきことは何かを先ず考えることです。次が集中です。だれでもなんでもそうですが、エネルギーを集中しなければ高い成果はあがりません。マーケティングのところでドラッカーが指摘したのも集中でした。そして、最後が強みに焦点を当てることです。ドラッカーは自らの成長のために最も優先すべきは卓越性の追求であると言います。卓越性から充実と自信が生まれます。そして、人は自らの強みへの集中によってのみ成長を図ることができるとドラッカーは言うのです。

また、ドラッカーは『明日を支配するもの』の中で、知識労働の生産性を向上させるための条件も具体的に指摘しています。それは、肉体労働者の生産性をあげる条件とは異なり、大きなものだけでも次の5つがあると言います。

①仕事の目的を考える
②働く者自身が生産性向上の責任を負う。自らをマネジメントする。自律性を持つ。
③継続してイノベーションを行う
④自ら継続して学び、人に教える
⑤知識労働の生産性は、量より質であることを理解する

生産性をあげることを考えるうえで、肉体労働と知識労働の大きな違いは、知識労働は仕事の目的が自明でないことです。肉体労働の生産性をあげる場合に仕事の目的は所与のもの、つまり何を行うかは明確になっていて、いかに行うかだけが問題になります。ところが知識労働の場合はそもそも何を行うべきかを考えるところから始めなければならないのです。そして、これを間違うと大きな無駄仕事が発生します。これについては次の「(4)果たすべき貢献という考え方」のところで詳しく説明します。

②の「自らのマネジメント」や「自律性」などについては、240ページの「(5)自分を活かす場所をどう見つけるか」のところで詳しく説明します。ドラッカー経営学の一つの特徴がこの「自律」という考え方です。

③と④は変化が常態の時代においては極めて重要になります。変化に対応するだけでは遅すぎますし、人は基本的に将来を予測することはできません。自らが変化を作り出していかなければなりません。また、すべてのものが急速に陳腐化する変化の時代には継続学習は不可欠です。習得した知識や技能はどんどん陳腐化し役に立たなくなっていきます。さらに言えば、人はだれかに教えるときに自らが一番多くを学ぶのです。⑤は自明ですね。

ドラッカーは、成果をあげられるかどうかは才能ではなく、これまで述べてきたようないくつかの習慣的な姿勢といくつかの基礎的な方法を身に付けているかどうかだと言います。企業の人事部が有名大学の学生や体育会系の学生を採用したがるのは、前者は頭が良くて後者はチームプレイに慣れているからということだけではありません。両者は、成果をあげるには何をしなければならないかを考え、それを実践してきたという経験を持っているからだと思います。

（4）果たすべき貢献という考え方

ドラッカーは、成果をあげるには先ず「行うことを決めること」だと言いました。ただ、それは自分のしたいことをするという意味ではありません。社会の一員として組織も個人も社会に貢献するという役割を持っています。大切なのは成果であり貢献であり役割であり責任であります。

ドラッカーはいくつかの例を示して、やりたいことをやるのではなく、やるべきことをやることの大切さを訴えています。

ジャック・ウェルチがGEのCEOになった時も、彼はもともと事業の海外展開がやりたかったのだが、GEにとって必要なことは世界で1位・2位になる可能性がない事業から撤退することであると気付き成功したとドラッカーは言います。

また、トルーマン大統領はそもそも国内問題に強い関心を持っていたが、第二次大戦後は外交問題がアメリカにとって重要な問題であることに気付き、彼のやりたいことを諦《あきら》め、やるべきことに専念したと言っています。

アメリカでは1960年代に既に知識労働者のキャリアは企業や人事部が設計するのではなく、労働者個人が計画するものとされていました。つまり、知識労働者自身が何をしたいかを考え、好きなことをすることが貢献であると考えられていたのです。しかし、好きなことをすることが、貢献、自己実現、成功につながると考えた者のうち、実際にそうなった者はほとんどいなかったとドラッカーは指摘します。

ドラッカーの遺作となった"The Effective Executive in Action"（日本語版タイトル『プロフェッショナルの原点』（ダイヤモンド社）で、成果をあげるポイントとして第一に挙げられているのが"getting the right things done"（なされるべきことをなせ）です。

私はこれこそが非常に重要なドラッカーの指摘であり、多くの人が間違っているポイントではないかと思っています。多くの経営者やマネジャーが自分のやりたいことばかり考えています。しかし、自分のやりたいことをやってもほとんどの場合だれの役にも立ちませんし、自分も幸せにはなれません。私たちは自分がやりたいことではなく、「自らの貢献は何か」を先ず考えなければなりません。自らの貢献を考えるときドラッカーは次の3つの要素を考える必要があると言います。

①状況が求めるもの
②自らの強み、仕事の仕方、価値観を活かしていかに最大の貢献ができるか
③違いを生み出すためにどのような成果を挙げなければならないか

自分が何をすべきかがわかれば、行うべきこと、始めるべきこと、始め方、目標、期限

といったとるべき具体的行動が明らかになるとドラッカーは言います。

そして、ドラッカーは次のように言うのです。「単に好きなことをするだけでは、自由はもたらされない。気ままにすぎない。それではいかなる成果もあげられない。いかなる貢献も行えない。自らの貢献は何かという問いからスタートするとき、人は自由となる。責任をもつがゆえに自由となる。成功に必要なものも責任である。人は、責任に焦点を合わせるとき誇りと自信を得ることができる」と。

ドラッカーは成果と責任を重視します。組織や個人が責任を持たず成果をあげなかったらどうなるか。その組織や個人の自由や独立性は奪われ、個人の自己実現も不可能になります。そこには責任ある自立にかわって、恐怖が幅をきかす専制が現れるのだとドラッカーは言うのです。

(5) 自分を活かす場所をどう見つけるか

知識労働者が成果をあげるためには「自律」が一つのキーワードになります。ドラッカーは、新しい時代には自らをマネジメントする必要があり、そのためには次の5つの問題を考えなければならないと言っています。

①自分は誰か。強みは何か。いかに仕事をするか
②自分は所をえているか
③果たすべき貢献は何か
④他との関係において責任は何か
⑤第二の人生は何か

『もしドラ』が社会で話題になっていた頃、高校生の娘が「『もしドラ』の要点って何なの？」と聞くので、「それぞれの人の強みを活かせってことかな」と答えたら、「えっ、そんな当たり前のことが書いてあるの」と言いました。娘に言わせれば、そんなことは小学生でもやっている。例えば皆で旅行に行くとき、ゲームなどのイベントを考えるのはアイデア豊富で明るい人、会計を担当するのはまじめでカッチリしている人っていうふうに、その人それぞれの持ち味を活かした役割を与えるでしょうと言うわけです。

確かにそうです。子供でもやっている当たり前のことをドラッカーは指摘しています。当たり前のことなのに大人はどこかで忘れてしまっている。だからドキッとさせられるの

かもしれません。

ただ、現実には「自分は誰か」「強みは何か」ということの答えを見つけ出すのは極めて難しいことです。ドラッカーも「誰でも自分の強みはわかっていると思う。たいていは間違いである。知っているのは、強みよりも強みならざるものである。それでさえ間違いのことが多い」と言っています。

ドラッカーは自分の強みを知るにはフィードバック分析しかないと言います。フィードバック分析をすると、いくつかの行うべきことが明らかになります。このフィードバック分析について書かれている内容を子細に読むと、強みというのが単に「私は英語が好きだ」といったことでないのがわかります。

例えば、フィードバック分析をすると伸ばすべき技能や新たに身に付けるべき知識が明らかになります。ドラッカーは、外国語や経済学や化学の知識などはだれでも学べると言います。また、人事部門の人は会計を知らないし、会計部門の人は人間について知らなすぎるとも言います。つまり、自らの強みを発揮する上で必要な技能や知識は当然身に付けなければなりません。

また、企画担当者は企画が出来上がったらその段階で働くのをやめるし、人への接し方が悪くて最終的に成果をあげられない人がいたりするとドラッカーは指摘します。つまり、「私は企画しかやりません」とか「私は技術しかやりません」などということが強みを活かすということではないのです。

自分の強みを活かして仕事をする上で必要な技能や知識は身に付けるべきだし、人間関係が下手だからといってそこから完全に逃げていては自分の強みは活かせないし成果も出せません。そうではなくて、自分が勝負をするところ、本来の仕事の中心に据える分野は自分の強みが活かせる分野にすべきだということなのです。

自分について理解しておかなければならない２番目は仕事の仕方です。仕事の仕方も強みと同じように与件であるとドラッカーは言います。人には読んで理解するタイプの人間と聞いて理解するタイプの人間がいると言います。さらに、人と組んで仕事をするのが得意な人もいれば一人で仕事をするのが得意な人もいます。トップとして決断するのが得意な人と、補佐役として人をサポートするのが得意な人がいます。大きい組織の方が活躍できる人もいれば、小さい組織の方が活躍できる人もいるとドラッカーは言います。

以上のことを私自身の例で説明すれば、50歳になったいまでも自分の強みなどわかりません。自分の強みを考えれば考えるほど「強みなど何もない」というのが正解のような気がします。ただ、今までの私の人生を通してほぼ間違いなく言えるのは、語学より数学の方が得意ですし、記憶することより論理的に考える方が得意です。人と接する仕事より一人で何かを創り出しているような仕事の方が性に合っています。ものごとは聞いて理解するより読んで理解する方です。私はよくしゃべる方ですが、実はしゃべるより書く方が数段自分の性に合っています。意思決定は極めて苦手です。優柔不断で何事もすぐに決断できません。

自分の仕事の内容や仕事のやり方は、歳をとるとともに自分に合った方に向いてきていると思います。非常に苦手だった英語も必要に迫られてかなり勉強しましたが、今後とも英語を使う分野を自分の仕事の主戦場とするつもりはありません。人付き合いも私にとっては大変ストレスのかかる分野ですが完全に逃げてきたわけではありません。しかし、今後とも営業職のような常に人と係《かか》わっていなければならない世界で生きていくことはないでしょう。いまのように自営で本を書いているような状態が私の性に一番合っているのではないかと思っています。

ドラッカーが言うのは嫌いなことはやらなくていいというのではありません。自分の力を発揮するために必要な技能や知識は身に付ける必要があります。しかし、何かが成し遂げられるのは強みによってであり、弱みによって何かを行うことはできないのです。また、仕事のやり方も自分の持ち味が活かせるようなやり方でなくてはなりません。そして、自分の強みや性に合ったやり方といった与件の分野では、間違っても自分を変えようとしてはならないとドラッカーは言います。

自分について理解しておくべきことの３番目は自分自身の価値観です。自分が何に価値があると思っているかは極めて大切です。組織の価値観と自分の価値観が合わないと欲求不満に陥りろくな仕事ができなくなります。そして、自分の強みと価値観が一致しない場合、優先すべきは価値観だとドラッカーは言います。

私自身は、この自分の価値観こそフィードバック分析で明確になってくると思います。私はサラリーマンを辞めて独立したとき自分の価値観についてかなり時間をかけて整理しました。自分は何を大切にして生きてきて、これから何を大切にして生きて行こうとしているのか。特に過去に大きな決断をしたときの理由を整理しました。大学進学、就職、結婚、留学、退職など、大きな決断の理由を冷静に考えました。そのフィードバック分析の結果、私の大切にしている価値観を言葉で表すと「貢献」「創造」「挑戦」「改革」などであることが明確にわかりました。これらのことができているときほど幸せなことはありません。

以上述べてきた、強み、仕事の仕方、価値観の３つに関して自分で答えを持っていれば、自分が活かせる場所が見えてくるとドラッカーは言います。自らの成長のためには、ふさわしい組織でふさわしい仕事につく必要があります。もし、組織の価値観になじめなかったり、組織が腐っていたり、自分が所を得ていなかったり、成果が認められなかったりしたときは辞めることが正しい道であるとドラッカーは言います。

しかし、私はこの転職の判断も実は非常に難しいものだと思います。なぜなら、自分のことを冷静に客観的に眺めることは極めて難しいからです。ドラッカーは「辞めるのが正しい道である」と言うと同時に、仕事ができないことを、設備、資金、人手、時間、世の中のせいにしてはならないと言います。人はだれしも仕事ができない理由を環境のせいにしがちです。しかし、ほとんどの場合仕事ができない理由は自分の中にあります。

また、若いうちは自分をどこで活かせばいいのかよくわかりません。ドラッカーは、学校を出たばかりでは自分のことはほとんどわからず、最初の仕事はくじ引きのようなものであり、最初から適した仕事につく確率は低いと言います。

ドラッカーは自分を活かせる場所を知るのは、かなり特別な才能をもっていてさえ、20

代半ばをかなり過ぎてからだと言います。これはドラッカー自身の経験も踏まえたものなのでしょう。ドラッカーも20代の後半近くになるまで、商社、証券会社、新聞社、銀行などいろんな仕事を転々としています。ドラッカーでさえそうです。私などはやっと40代半ばをかなり過ぎてから少し自分の居場所がわかり始めたかなといった感じです。それも本当にわかっているのかどうかもよくわかりません。

ドラッカーは１９６８年のあるインタビューで、「58歳になった。大きくなったら何になるのかまだ分からない。そう言うと私の子供たちはまたかと苦笑いする。冗談を言っているつもりはない。人の一生がどう展開していくかは、最後まで分からない[23]」と言ったそうです。人生とは計画通りに作られるものではありません。それが現実です。

ドラッカーは「何によって憶《おぼ》えられたいか」という問いをいつも自分に問いかけているそうです。そして、それは自己刷新を促す問いであり、自分自身を若干違う人間として、しかしなりうる人間として見るように仕向けてくれる問いだと言うのです。

23 『ドラッカーに学ぶ　自分の可能性を最大限に引き出す方法』（ダイヤモンド社）P13

（6）人間関係に係わる自らの責任

自分のなすべきことがわかれば次に意識しておかなければならないのは人間関係の問題です。ほとんどの仕事は人を通して行われます。人間関係の問題に関してドラッカーは次の2点を指摘しています。

①共に働く人を理解すること
②自分の考え方を伝える責任があること

自分が自分特有の強みと仕事の仕方と価値観を持つように、それぞれの人がそれぞれの強みと仕事の仕方と価値観を持っています。このことが理解できなければ人と一緒にうまく働くことは出来ません。

特に上司との関係は重要です。組織で働く者は上司をうまく使えないと成果は出せません。上司もあなたとは違った強みと仕事の仕方と価値観を持つ人です。そのことを理解し、上司をよく観察した上で、上司が成果をあげられるようにすることと上司が仕事をしやすくなるようにすることは部下の責務だとドラッカーは言います。

私は20年近く組織の中で仕事をしていたのにこのことがよくわかっていませんでした。上司のご機嫌をとることと上司に仕えることを混同していた面がありました。私としては、第3章の「（3）成果に係わる精神と実践」の内容のように、仕事をする上での真摯さとして、「誰が正しいか」より「何が正しいか」、つまり上司が何を望んでいるかより事業の客観的なニーズ（会社にとって何が一番大切か）に自らの判断基準をおいて仕事をしていたつもりでした。しかし、多分に一人よがりで自分の価値観だけに拘っていた面が多々あったと反省しています。上司とぶつかり、上司を攻撃するばかりで、上司の成果をあげるために自分が何をするべきかという視点に欠けていたと思います。

ドラッカーが指摘するもう一点は、自分の考え方を伝える責任があるということです。大昔から人は周りの人と一緒に同じことをしていました。農民は一緒に稲作をし、靴職人は一緒に靴を作っていました。そのような状況では自分が何をしているかを周りの人に伝える必要はありませんでした。

しかし今は、同じ組織の中でいろんな人が違った仕事をしています。ドラッカーは、例えば販売部門の副社長が販売以外のことについて専門家の言うことが理解できなければ、それは副社長の責任ではなく専門家の責任だと言います。

一緒に働く人たちのところに行って、自分の強み、仕事の仕方、価値観、目標を説明すれば、返ってくる答えは必ず「聞いて良かった。どうしてもっと早く言ってくれなかったのか」だとドラッカーは言います。

今日の組織の中でお互いを理解することは極めて大切です。ドラッカーは、組織はもはや権力によっては成立しない、信頼によって成立すると言います。そして、信頼とは好き嫌いではなく、信じ合うことであり、そのためには互いに理解し合っていなければならないと言うのです。

(7) 第二の人生について考える

自分をマネジメントするためのドラッカーの最後のメッセージが「第二の人生について考える」です。

前述したように、組織の寿命より人間の寿命の方が長くなりました。変化の激しい時代ではこの傾向はもっと助長されていくでしょう。また、人間は同じ仕事をしていると飽きてきます。さらに、組織の中ではだれもが成功するわけではありません。大きな組織の中で取締役になるのはごく限られた人だけです。

人間にとっては、何かに貢献し、意味あることを行い、ひとかどとなることが決定的に重要な意味を持つとドラッカーは言います。ある組織では成功できなくても別の組織に移れば成功することもあります。企業で働くだけでなく、非営利の団体で働いたり、自分の得意分野を活かしてコンサルタントとしてもう一つの世界を持つこともできます。

私の知人にも、生命保険のアドバイザーとして生計を立てながら、時間的に自由であるという仕事の特性を活かして、さまざまなＮＰＯを起《た》ち上げて活躍している人がいます。豊かな人生だなと思います。

ただ、第二の人生に備えるには助走期間が必要だとドラッカーは指摘します。ボランティア活動を一度もしたことが無い人が60歳になってボランティア活動を始めるのは難しい面があると言うのです。

定年を迎える年齢になってもほとんどの人はまだまだ元気です。寿命も延びていますから、定年後の人生はかなり長いものになります。定年後はゴルフや釣りなど好きなことをやって過ごしたいと思っておられる方も多いでしょう。それはそれでいいことだと思いますが、定年後も社会に貢献できる方法と場所を持っているともっと人生は充実してくるのではないかと思います。誰かの役に立っていることを実感することは幸せなことです。

また、知識社会に特有の上方への移動は高い代償を伴うとドラッカーは言います。それは高度な競争社会であるがゆえに、競争に伴う心理的な圧力と精神的なストレスが大きくなるからです。ドラッカーは、知識労働者たる者は、若いうちに非競争的な生活とコミュニティをつくりあげておかなければならないと指摘します。

〈コラム〉　広い視野を持って自分の居場所を見つけてほしい

組織で働く上昇志向を持っている人のほとんどはどこかで出世競争に敗れます。その落胆ぶりは激しいもので、人によってはそれ以降全く仕事に意欲がなくなる人もいます。私もサラリーマンの経験がありますからその気持ちはよくわかります。

私は若い頃、中高年の働かない人たちを見てムカついていましたが、自分が50歳を超える歳になってきたらその人たちの気持ちもよくわかるようになってきました。組織というものはその構造上人にとっては残酷な仕組みを包含しているのです。

ただ、その出世競争に敗れた人を組織の外から見ると、その人自身の価値は何ら変わりません。昇進はさまざまな要因で決まります。人間が集まる集団ですから、上司に媚《こび》を売って出世していくことも現実としてあります。組織はその組織の中の価値観で動きます。運不運もあるでしょう。しかし、組織の外に居る人間にとっては、組織の中の価値観など意味ないものです。私にとって大切な人の価値は、その人が組織の中で出世していようがいまいが全く関係ありません。その人の価値は何も変わらないのです。

多くの人に、広い視野を持って生きていってもらいたいと思います。一つのある特定の組織の中だけではなく、広い世界の中で自分の居場所を見つけてほしいと思うのです。

ドラッカーがマネジメントの本質を通して私たちに伝えてくれていることは何でしょうか。私たちは、自分の好きなことをやるとか、自分がやりたいことを見つけるとかといった生き方では幸せになれません。さらに、私たちは厳しい競争社会という現実の中で生きていかなければなりません。

そういう厳しい現実の中でも私たちが自由になるためには、社会の中の一員として先ず自分の外にある社会や組織への貢献を第一に考え、自分に求められている役割を理解し、組織の目標と自分の目標を一致させ、自ら責任を担い自分の持ち味を活かして自律して働き、具体的な成果を出し、自分の役割と責任を果たして社会や組織に貢献していくしかないということなのでしょう。

そういう意味では、組織が目指すべきことも、マネジャーが目指すべきことも、個人が目指すべきことも何ら変わりはありません。

ドラッカーは次のように言います。経営者は僕（しもべ）である。彼らは自分がマネジメントしている組織に仕えているのだ。マネジャーに権力などない。あるのは責任だけだ。人がやる気を出すのも責任を与えられたときだと。

ここにして、ドラッカーの大著『マネジメント』の副題が「役割（tasks）」「責任（responsibilities）」「実践（practices）」になっている意味が真にご理解いただけたのではないでしょうか。

付章

（1）ドラッカーが考える今後の教育について

本書はドラッカー経営学の解説書ですが、本書の執筆を終えるにあたって私はドラッカーの教育に関する考え方に触れずにはおれませんでした。第1章で書いたように、ドラッカーは若者の教育に並々ならぬ情熱を持っていました。

ドラッカーは、彼の著作群の中でもいろいろなところで教育について触れていますが、まとまった内容があるのは『マネジメント・フロンティア』『新しい現実』『非営利組織の経営』『ポスト資本主義社会』（いずれもダイヤモンド社）においてです。これらの書籍に書かれている教育に関するドラッカーの考え方をまとめておきます。

ドラッカーは現在の教育のあり方について心配していました。いろんなところで教育は変わらなければならないし変わるべきだと言っています。では、ドラッカーは何を問題視し、どう変わるべきだと言っているのでしょうか。

ドラッカーの最大の問題意識は、現在の教育や学校が、知識社会となり組織社会となったこの新しい時代に合っていないということです。学校の責任は、この新しい時代において生徒一人ひとりに成果をあげ、貢献し、雇用されるような道具（tools）を身に付けさせることだとドラッカーは言います。

20世紀初頭からの75年の間に肉体労働者の時間あたりの実質所得は40倍から50倍程度に増えました。それは生産性が上がったからです。生産性が最終的に実質所得を決めるのです。しかし、知識労働者の生産性の向上について教育や学校はほとんど何もできていないとドラッカーは指摘し、教育や学校の役割と機能を見直すべきだと言います。

ドラッカーは知識を教えるだけではなく、組織の中で成果をあげる方法を教えなければならないと言います。その方法論は本書の中で説明してきたドラッカー経営学の基本的な考え方が参考となるものでしょう。ドラッカーは一貫して、知識社会と組織社会の中での貢献と成果について論じています。これからの組織社会では、組織の中で成果をあげることができなければならないのです。

ドラッカーは具体的に、自らの考えを口頭もしくは書面で簡潔かつ明確に伝える能力、他人と共に働く能力、自らの仕事や貢献やキャリアを方向付ける能力、そしてそれらを統合して、組織を通して自らの大望（aspiration）を実現し、何かを達成し、自らの価値観を実現する能力などを、現在の教育機関は身に付けさせようとはしていないと言います。

また、ドラッカーは教育ある人間の育成を目指すべきだと言っています。教育ある人間とは、生計を立てる力を持つと同時に充実した人生を送れる人間のことです。知識社会における教育は、役立つ技術を教えると共に徳を身に付けさせなければならないとドラッカーは言います。これからの知識労働者には責任が伴わなければならないので道徳教育が不可欠なのです。

そういう意味でも、人文科学や一般教養といわれるものを、現実に照らし意味あるものにしていかなければなりません。実は多くの人が人文科学や一般教養に強い関心を持っているのに、それが生徒の生活や欲求との係《かか》わりの中で説明されていないので生徒は興味を失っているとドラッカーは言います。せっかくの意味ある歴史や偉大な伝統が単なるデータとしてしか提供されていないのが現実です。

また、ドラッカーはこれからは学び方や教え方が一変すると言います。歴史的にいえば印刷技術が生まれ教科書が発明されたことにより学び方は一変しました。教科書のおかげで、人はどこでもいつでも好きな時に自分のペースで学べるようになりました。

これからはコンピューターがその役を果たしていくとドラッカーは見ています。人は人によって学び方もスピードも違います。教師が教育補助者として生徒たちを教えるより、コンピューターにその役をやってもらった方が一人ひとりに合った学習が効果的に行えます。

私の高校生の娘はいま進学塾を利用していますが、そこでは人気講師の講座をインターネット経由でコンピューターの映像で受講します。部活動で忙しい彼女は、自分の都合のいい時間に勉強できるから効率的だと言います。私もその映像を見ましたが、つまらない講師の講座をライブで受講するより、一流の講師の講座を映像で見る方がはるかに効果的だと思いました。

では、これからの教師の役目は何か。その答えのヒントは、学ぶことと教えることが違うというところにあります。学んではじめて身に付くことと、教えられてはじめて身に付くことがあります。教科の内容は自分で学べばいいことです。一方、教えてもらわなければならないのは、価値観であり、洞察力であり、物事の意味であるとドラッカーは言います。特に価値観抜きの教育制度など過去に一度も存在したことがないと言います。

そして、さらに大切な教師の役目は、生徒の強みを把握し、その強みに焦点を当て、生徒を動機付け、指示し、励まし、範を示し、何かを達成させるように指導することだとドラッカーは言います。つまり、学校は「生徒たち」ではなく、「一人ひとり」を教えるようになるべきなのです。人が学ぶのは教科の内容であり人が教えるのは人である（One learns a subject. One teaches a person.）とドラッカーは言うのです。

学校教育と学校ほど根本的な改革を迫られている機関は他になく、学校は成果に責任を持つ必要があるとドラッカーは言います。

20世紀初頭は、学校だけが極貧と不安定から抜け出すための唯一の道でした。だから、学校は地域社会から一定の水準を維持し成果をあげるよう大きな圧力がかかっていました。極貧と不安定から抜け出すために生徒自身もかなりの努力をしていたことでしょう。

いまの学校には規律（discipline）がないとドラッカーは言います。知識社会においては学習の方法を学んでおく必要があります。知識社会は変化が常態となる社会ですから、継続学習や生涯学習が不可欠です。では継続学習の能力はどのように学習すればよいのでしょうか。必要なことは、強みに焦点を当て何事かを成し遂げさせることです。そして、そのためには学習の規律が必要だと言います。ドラッカーが言わんとするところは、何かを達成するには訓練や鍛錬が必要であるということだと思います。

ドラッカー経営学の一つのキーワードは「達成」でした。前述したように、教師は生徒に何かを達成させるように指導するのが役目だと述べました。そして何かを達成するには個人の強みに焦点を当てると同時に積み重ねることが必要だとドラッカーは言います。

ピアニストもスポーツ選手も外科医も、常に単調な練習の繰り返しでレベルを上げ何事かを成し遂げていきます。「楽しさ」だけでものごとは成し遂げられません。優れた指導者は継続学習に欠かせない厳格な規律を伴う絶えざる作業と訓練に対しても意欲を持たせます。「達成」とは積み重ねだとドラッカーは言います。しかし同時に、達成とは上手に行えないことを前より下手でなく行えるようにすることではなく、すでに上手に行えることをはるかに上手に行えるようになることだと言います。つまり、達成は生徒の強みに基づかなければならないのです。

アメリカの大学は厳しくなく、一定期間子供を預けるだけの存在になってしまったとドラッカーは言いますが、これはまさに現在の日本の大学についても言えることでしょう。これまでは就職資格を得るための「大卒」という証《あかし》さえあればよかったので、親も大学に対して何も言わなかったのでしょうが、今や大学を出ても就職できない時代になりました。

新しい時代である知識社会、組織社会で生きていくために大学は何を提供するのか。今後、親や社会から厳しく要求を突き付けられる時代になっていくでしょう。まさに、ドラッカーの言う成果への責任です。

印刷された教本が現れた後、学者たちにとって重要なことは「専門化」することでした。専門化することが新しい知識を獲得し伝えるための王道になったのです。その専門化された知識は多くの人の役に立たなければ意味がありません。しかし、その専門化された知識が多くの人には何の役にも立たない単なるデータになってしまっているとドラッカーは指摘します。

〈コラム〉　日本の大学はこのままでいいのか

大学の教育方法が、専門家になるための手法が基盤になっていることも問題の一つでしょう。つまり、専門家になるための手法とは、何かを調査し、分析し、仮説を立て、その仮説を議論の中で鍛えていくといった方法です。確かにこの論理分析的手法は、すべての仕事の基礎になることは間違いありません。しかし、組織の中で成果をあげるには、専門家になるための手法を学ぶだけでは十分ではありません。最近、私のまわりに「大学なんか行かなくていいよ」と子供に言う親が確実に増えてきています。私もそう思うことがよくあります。いまの大学に行っても、この新しい時代を生き抜く技も身に付かなければ、徳のある人物にもならないのではないかと心配になるのです。逆に、いまの大学に行けば、規律のないふしだらな生活で、快楽だけを追い求めるような人間になってしまう危険性すらあるような気がします。しかし、大学以外に子供たちの高等教育を託せる機関がないのが現状です。

私たちの親の世代は大学に行きたくても経済的理由からそれが叶《かな》わず、社会に出てから学歴の違いによる屈辱をなめてきた世代ですから、自分の子供はせめて大学に行かせたいと思っていました。大学にさえ行かせれば子供たちは幸せになると信じ、生活費を切り詰め、なかには借金をしてまで子供を大学に行かせる人も少なくありませんでした。

しかし、その子供たちが通う大学は楽園と化し、多くの学生たちがサークル活動と称した憩いの場で楽しみ、アルバイトに明け暮れるという学生生活を送っています。採用試験の面接をしてみると、彼らの口からはサークル活動とアルバイト経験といった、大人から見れば中身の薄い話しか出てきません。
10歳代後半から20歳代前半という、みずみずしい感性を持ち、頭が柔軟で吸収力があり、肉体的にもエネルギーに満ち溢《あふ》れ、持続力と集中力があり、自分の人生並びに自分と社会との関係について真剣に考えておくべき貴重な時期に、本当に何を学び、何を教えてもらっておくべきなのか。日本におけるこの高等教育の問題を社会全体で考える時期に来ているのだと思います。

ドラッカーは教育の分野にはこれからいろんなタイプの挑戦者が参入してくるだろうと言っています。具体的に、社内の教育プログラムを外販するようになった企業、日本の進学塾、新しいタイプの学校を営利団体として設立する企業などの例を挙げています。

学ぶ方法や教える方法は多種多様です。学び方や学ぶスピードも人によって違います。昔の社会は、一つの村に一つの学校を作るしか余裕がありませんでした。しかし、現代は多くの人が都市部に住むようになり、自分にあった学校をいくつも選べるようになりました。また、知識社会では継続学習・生涯学習が必要ですから、幅広い年齢層を受け入れるオープン化が必要になってくるとドラッカーは言います。

ドラッカーはこれからの知識社会における教育では、学校と職場の境界がなくなっていくと言います。知識の成果物を生み出す方法論を学ぶには実務が必要だからです。高度な知識を使って成果をあげなければならない医学の分野を見ればそのことが明らかです。現場の実務経験がなければ医学理論は成果に結び付きません。ドイツのマイスター制度のような学習と実務を並行して行う教育制度が工学の分野では大きな成果をあげています。ドラッカーは、学業と就業はもう少しバランスがとれていたほうが良いと考えていたようです。

教育の分野には多くの挑戦者が参入すべきですし、そうならなければなりません。知識が唯一の中心的資源となる知識社会においては、学校が社会的に重要な役割を果たすようになるわけですから、そのような重要な分野が多くのプレーヤーからの挑戦を受けるのは宿命です。そして、その挑戦者の中のある者は確実に成功するのだというドラッカーの言葉の中に、挑戦者の登場を期待している彼の気持ちが表れていると思います。

学校教育における最大の変化とは、学校が成果を約束しなければならなくなるということであり、学校は成果に責任を負わなければならなくなるとドラッカーは言うのです。

（2）ドラッカー著作の読み方について

最後にドラッカーに関心を持った読者の方に、ドラッカーを理解するためのドラッカー著作の読み方を紹介しておきたいと思います。

ドラッカーに関心を持ったら先《ま》ず一番に読む本は上田惇生氏が書かれた『ドラッカー入門』（ダイヤモンド社）でしょう。『ドラッカー入門』を読めばドラッカーの思想の全体像が摑《つか》めます。ドラッカーの著作を読む前に先ず『ドラッカー入門』を読むことをお勧めします。

次に読むのは『【エッセンシャル版】マネジメント』（ダイヤモンド社）でしょう。これは、ドラッカーのマネジメント理論が集大成された"Management: tasks, responsibilities, practices"（以降は"Management"）という本の抄訳版です。

『【エッセンシャル版】マネジメント』でドラッカーのマネジメント理論の概要を理解したら、次は是非原書の"Management"に挑戦してみてください。これは８００ページにも及ぶ大著ですから、かなり英語が得意な人でなければ原書で読み通すのは難しいかもしれません。"Management"の翻訳本としていま簡単に手に入るのは、上田惇生氏の訳の

『マネジメント　課題、責任、実践』上・中・下（ダイヤモンド社）3巻と、有賀裕子氏の訳の『マネジメント　務め、責任、実践』Ⅰ, Ⅱ, Ⅲ, Ⅳ（日経ＢＰ社）4巻があります。

上田さんの訳は格調が高くドラッカー思想全体を視野に入れた適確な翻訳に腐心され、有賀さんの訳には原文に対する忠実な態度を感じます。お二人とも並々ならぬ慎重さを以《もっ》て丁寧に訳されていることがわかります。

ただ、どんなに素晴らしい翻訳でも翻訳には限界があります。それは、英語の単語とまったく同じ意味とニュアンスを持つ日本語の単語が存在しないからです。例えば、"simple" という言葉を「簡単な」と訳すか、「単純な」と訳すか、「簡潔な」と訳すかで日本人が受け取るイメージは大きく変わってきます。どんな勉強でもそうですが、外国語で書かれたものをできるだけ正確に理解しようと思えば原書にあたる必要があります。

日本語訳の『マネジメント』、できればお二人の訳された2種類の『マネジメント』を読みながら、重要な単語は原書をあたってみてください。ドラッカーの息遣いや想いといったものが感じられると思います。

ドラッカー経営学の全体像が理解できたら、次は『イノベーションと企業家精神』（ダイヤモンド社）と『明日を支配するもの』（ダイヤモンド社）をお勧めします。

第1章にも書いたように、本書の第2章と第3章は『マネジメント』の解説で、第4章が『イノベーションと企業家精神』の解説、第5章が『明日を支配するもの』の解説です。

解説といっても、それぞれの書籍の一部を解説しているだけです。ドラッカー経営学の全体像を理解することも大切ですが、ドラッカーの本にはそこかしこに読みながら「う～ん」と唸《うな》ってしまうような真理の発見があります。これらの本をご自身で隅々までお読みになることをお勧めします。

また、本書の第5章の自己のマネジメントについて興味を持たれた方は『プロフェッショナルの原点』（ダイヤモンド社）も参考になると思います。

そして、ドラッカーという人物そのものに興味が湧いてきたら『ドラッカー20世紀を生きて』（日本経済新聞社）を読んでみてください。これは２００５年に日本経済新聞の「私の履歴書」に27回に亘《わた》って連載されたものに一部加筆され出版されたものです。これを読むとドラッカーの生い立ちや人となりが見えてきます。

また、『傍観者の時代』（ダイヤモンド社）はドラッカーが69歳のときに書いた自伝的な書物です。本書を読むとドラッカーの思想の原点がわかります。私はドラッカー著作の中ではこの本が一番好きですし一番面白いと思います。この本には、人間の優しさや人生の儚《はかな》さ、人間の多様性の承認とそれゆえの安心感、大いなる大義・理想・信念・志など、人間として大切にしておくべきことが書かれています。さらに、私はこの『傍観者の時代』を読んで初めて、ドラッカーが高い理想を持つと同時に超現実的な姿勢をとっていることを理解しました。

ここまで読んでさらにドラッカーへの関心を深めた人は、ドラッカーの著作の歴史に従って読み進めていくのがいいと思います。大著『マネジメント』が生まれるまでの著作を読むと、ドラッカーが何に関心があったかがわかり、『マネジメント』に書かれている重要なキーワードの背景がわかり、ドラッカー経営学をより深く理解できると思います。詳細については第1章の「(4)ドラッカー思想の系譜」に書いていますが、ここでも簡単に整理しておきます。先ずは次の3冊です。

『「経済人」の終わり』(ダイヤモンド社)
『産業人の未来』(ダイヤモンド社)
『企業とは何か』(ダイヤモンド社)

『「経済人」の終わり』では、ブルジョア資本主義とマルクス社会主義というどちらも経済を基本にした社会体制が失敗し、民衆がファシズム全体主義に向かったことが書かれています。第二次世界大戦中に書かれた『産業人の未来』の中で、戦後は産業が主役の産業社会になると指摘しています。その産業社会が真に社会的に主役になりうるかについて論じた本です。本書の中に表れる「正統性」や社会における人間の「位置」と「役割」などは『マネジメント』に表れる基本的な考えです。社会学者としてドラッカーが何に関心を持っていたかがわかります。『企業とは何か』はGMの調査をもとに出版した本です。ドラッカーのマネジメント研究の原点となるものです。

その後、マネジメントに関して次の3部作が出版されます。

『現代の経営』（ダイヤモンド社）
『創造する経営者』（ダイヤモンド社）
『経営者の条件』（ダイヤモンド社）

私自身が最初に読んだドラッカーの著作がこの3部作でした。『現代の経営』で初めてマネジメントという分野が体系化されます。「事業とは何か」「マーケティングとイノベーション」「目標と自己管理によるマネジメント」などの考え方が示されます。『創造する経営者』においては、強みを基盤にするなどの機会に焦点を当てる考え方が示されます。そして、『経営者の条件』では成果をあげるための方法が主に解説され、「時間管理」「集中」などの考え方が示されます。

この次に書かれたのが『断絶の時代』です。前述したように、大きな時代の変化として「起業家の時代」「グローバル化の時代」「多元化の時代」「知識の時代」の4つが説明されています。この大きな時代の変化を意識しながら、ついにマネジメントという分野が『マネジメント』という大著として集大成されるのです。

また、上田惇生氏の編集による「はじめて読むドラッカー」というシリーズで、ドラッカー経営学を「自己実現編」「マネジメント編」「社会編」「技術編」の4つの分野に分類して解説している本があります。次の4冊です。

『プロフェッショナルの条件』（ダイヤモンド社）

『チェンジ・リーダーの条件』（ダイヤモンド社）
『イノベーターの条件』（ダイヤモンド社）
『テクノロジストの条件』（ダイヤモンド社）

まだマネジャーになっていない若い世代で、組織のマネジメントより自己のマネジメントの方に興味がある人は、先ず『プロフェッショナルの条件』からスタートするのが良いかもしれません。

ここから後は、読者の皆さんの興味に従って、その後に出版された本を読み進めていかれるのが良いでしょう。大著『マネジメント』の後に出版された主要著作のタイトルとその概要を列記しておきます。

『マネジメント・フロンティア』１９８６年初版。さまざまな雑誌に掲載された論文を「経済」「人」「マネジメント」「組織」に分類して収録したもの。全編に共通するテーマは「変化は機会である」。

『新しい現実』１９８９年初版。『断絶の時代』（１９６９年）で予測した「新しい時代」

がその後20年で現実のものとなったとして、その新しい時代を政治、経済、社会に分けて論じたもの。

『非営利組織の経営』　１９９０年初版。非営利組織のマネジメントについて説明している。非営利組織の資金調達や成果、理事会の運営など非営利組織ならではの内容について記載されている。

『未来企業』　１９９２年初版。さまざまな雑誌に掲載された論文を「経済」「人」「マネジメント」「組織」に分類して収録したもの。論文が書かれた１９８６年から１９９１年は最も変化が激しい時代だったとドラッカーは述べている。

『すでに起こった未来』　１９９３年初版。ドラッカーが40年以上に亘って書いてきた論文が収録されている。「経済」「社会」「文明」など分野は広いが、全てが「社会動態」に関する論文である。

『ポスト資本主義社会』　１９９３年初版。資本主義社会の次に来る時代について論じたもの。知識社会への変化を「社会」「政治」「知識」の大分類のもと12章に亘って述べている。

『未来への決断』　１９９５年初版。さまざまな雑誌に掲載された論文を「マネジメント」

「情報型組織」「経済」「社会」に分類して収録したもの。未来予測ではなく、経営者が決断の指針にすべきである既に起こっている変化について書かれている。

『明日を支配するもの』１９９９年初版。21世紀の現実は20世紀の現実とは異なる。新しい時代に組織や人はどう行動すべきか。チェンジ・リーダー、情報革命、知識労働の生産性、セルフマネジメントなどについて書かれている。

『ネクスト・ソサエティ』２００２年初版。さまざまな雑誌に掲載された論文を収録したもの。人口構造の変化、製造業の地位の変化、労働力の多様化など急激に変化しつつある社会とその変化への対応について書かれている。

どれも興味深いものばかりです。タイトルの多くが未来に関するものですが、どれも未来予測をしたものではありません。既に起こっている、もしくは起こりつつある変化の兆しと、その変化に対して今どう対応していくべきかについて書かれているものです。なかでも中心となるキーワードは「知識労働者」でしょう。いずれもダイヤモンド社からの出版です。

また、ドラッカーの教育論に関して興味を持たれた方は次の４冊を読んでみてください。

『マネジメント・フロンティア』（ダイヤモンド社）
『新しい現実』（ダイヤモンド社）
『非営利組織の経営』（ダイヤモンド社）
『ポスト資本主義社会』（ダイヤモンド社）

当然のことではありますが、ドラッカーを深く理解されたい方はできるだけ多くの書籍にあたる必要があります。本文でも書きましたが、マーケティングやイノベーションの目標設定に関しては『マネジメント』の該当箇所より『現代の経営』の該当箇所の方がわかり易いと思います。また、ドラッカーの教育論については私自身も『新しい現実』と『ポスト資本主義社会』を一緒に読むことで、この二つの本に書かれていることが統合されやっとドラッカーが考えていることがわかったといった所もありました。

最後に、ドラッカー経営学を現場で実践されたい方には、上田惇生氏監修、佐藤《さとう》等《ひとし》氏編集で出版されている下記3冊が役に立つと思います。

『実践するドラッカー［思考編］』（ダイヤモンド社）
『実践するドラッカー［行動編］』（ダイヤモンド社）
『実践するドラッカー［チーム編］』（ダイヤモンド社）

以上の3冊は、ドラッカー経営学に従いながらそれを現場で使えるように、読者の考え方をチェックするためのシートや、時間を分析するためのシートなどさまざまなフォーマットが準備されています。是非ドラッカー経営学を現場で使ってみてください。ドラッカーはまさに仕事は論ずべきものではなく実行すべきものであると言っています。

ちなみに、本書『究極のドラッカー』の英文版は、弊社ホームページ（www.migiude.com）の「著書紹介」ページから無料でダウンロードできます。ドラッカー著作からの引用箇所はすべて原書の英文を使っていますので参考にしてみてください。

あとがき

ドラッカー経営学の全体像とその本質を理解し、ドラッカー経営学を現場で活《い》かしてもらいたいとの一念で本書を書きました。

ドラッカー経営学は大きな川の流れのようにつながっておりその一つひとつが本質をついていることがおわかりいただけたと思います。ドラッカーは、マネジメントの全体像を論理的・体系的に整理し、組織の中で私たちが何を考え何をすべきかを教えてくれます。

ドラッカー経営学のキーワードは、顧客を焦点にした貢献であり、成果であり、達成であり、役割であり、責任であります。私たちはだれもが社会に貢献するという役割を持っています。貢献するためには成果をあげなければなりません。その成果をあげるという責任を果たすことで、私たちは達成感を得、自己実現を図ることができます。

「組織の成果」と「従業員の自己実現」が同時に実現されれば、産業社会は社会として成立するとドラッカーは考えていたに違いありません。

ドラッカー経営学は「人間の幸せ」がその根底にあります。しかし、人間本来の沸き上がるようなエネルギーである「ワクワクドキドキ」といった感覚については何も触れられていません。しかし、本書の執筆を終えようとしたとき、ドラッカーはやはり人間の「ワクワクドキドキ」を大切にしていたのだと知りました。上田惇生氏が書かれたＮＨＫのテレビテキスト『１００分 de 名著 ドラッカー マネジメント』（ＮＨＫ出版）の中にそれはありました。

ドラッカーはＧＥのジャック・ウェルチ会長に「世界で1位か2位になるつもりの事業だけ残して、あとはすべて捨てたらどうか」とアドバイスしたと言われてきました。しかし、ジャック・ウェルチによれば、実際ドラッカーは「ワクワクドキドキしてやっている事業以外は、すべて止めたらどうだろう。ワクワクしながら、意気込みを持ってやるような仕事でなければ、お客に対して失礼だ。そうでないものは思いきって止めてしまうか、その仕事を熱意を持ってやるところとコラボレーションしたほうがいい」とアドバイスしたと言うのです。私はこの文章を読んで、人間を中心にしたドラッカー経営学の真骨頂を見たような気がしました。

本書で私が目指したのは、ドラッカー経営学の全体像（森）と本質（一本一本の木）を、つながりの中で説明することでした。これはまさに、木を見て森を見ないのも森を見て木を見ないのも欠陥であるというドラッカーの知の方法論に従ったものです。

手前味噌《みそ》ですが、それは奇《く》しくも私が『財務3表一体理解法』で使った会計の勉強法と同じ方法論です。『財務3表一体理解法』は会計の全体像とその本質を会計の素人の人にわかりやすく伝えようとしたものでした。ただ、そこに書かれている内容は会計の専門家にとっては当たり前のことばかりでした。

本書で紹介したドラッカー経営学の内容も、それがよくわかっている人にとっては当たり前のことばかりです。本書はドラッカー経営学になじみの薄い人にドラッカー経営学の全体像とその本質をわかりやすく伝えようとしたものです。

ドラッカーの本質を突いた一つひとつの言葉に触れるだけでも大きな発見があります。しかし、本書をお読みになってドラッカー経営学の全体像がわかれば、ドラッカーの一つひとつの言葉の意味とその背景、さらにはドラッカーの意図がさらに深くご理解いただけたのではないかと思います。そして、私たちがビジネスの現場で考え悩んでいることの本質は、既にドラッカーによって解き明かされ、私たちが何かを考える上での指針が示されているのを発見されたのではないでしょうか。

　本書はドラッカーの著作及びその翻訳書を解説したものです。本書の内容の多くはドラッカーの書籍からの引用です。日本語文の引用に関しては上田惇生氏の訳を使わせていただきながら、一部には一般読者に理解しやすいように私が訳を変えたり意訳したり内容を要約したりしているところもあります。ただ、その場合は当然のことながら原書に戻って原文の意図をできるだけ正確にわかりやすく伝えようとしました。また、重要な表現や、日本語訳だけでは誤解を招くような単語や文章は原文を併記しておきました。

　ドラッカー経営学の解説書はたくさん出ていますが、その多くがドラッカーの言葉の断片を引き合いにして、解説書の著者の意見を滔々《とうとう》と述べているものが多いと感じます。本書で目指したのはドラッカー経営学の解説書であり要約書です。ドラッカーが述べていることをできるだけ忠実に伝えようと思いました。そのため、ドラッカー書籍の引用や要約が多くなり過ぎたかもしれません。また逆に、より理解を深めていただくためにドラッカー書籍にはない例示や解説を入れたために私の個人的な意見や感想が入り過ぎたかもしれません。

　本書の内容のほとんどがドラッカーの思想であり考え方です。一方、「私は」で始まる文章やコラムの内容は私の解説や意見や感想です。また、「ではないでしょうか」「なのかもしれません」「と思います」などといった語尾がついている部分はほとんどが私の考えや意見です。

ただ、それにしてもかなりの部分でどこがドラッカーの言葉で、どこが私の意見や解説なのかわからなくなっている部分もあり、読者の皆さんが混乱されるかもしれません。その混乱を解消するためにも、本書を読まれた後に是非ドラッカーの著作を直接お読みいただければと思います。しかもそうすれば、それぞれの方にそれぞれの新たな発見があるに違いありません。

本原稿は出版前に、ドラッカー著作のほぼすべてを翻訳してこられた上田惇生先生に目を通していただき、重大な誤訳を一か所ご指摘いただきました。その誤訳をそのままにしておけば、ドラッカーが最も伝えたかった組織の正統性、つまり組織の重要な役割が人間を幸せにすることであるということを読者に正しく伝えられなくなる危険性があるものでした。

その際、上田先生から「國貞さんが筆を執った動機もハウツウ本の蔓延《まんえん》へのご立腹でしょう」と言われました。まさに、ドラッカー経営学は金儲《もう》けのハウツウを教えるものではありませんし、ノウハウ本として読むべきものでもありません。ドラッカー経営学は、組織社会を生きる人間としての生き方と心構えについて書かれているものであり、その根底には「人間の幸せ」を願うドラッカーの心があります。私は本書においてドラッカーが本当に伝えたかったことをできるだけ忠実に伝えたいと思いました。

ドラッカーの心の根底に「人間の幸せ」を願う気持ちがあったことは間違いありませんが、私の知る限りドラッカーの著作の中に「人間を幸せにする」といった言葉は出てきません。出てくるのは「よい人生をもたらす」(to make a good life)、「成果を通して満足をもたらす」(to provide satisfaction through performance)、「達成感につながる仕事」(work to be achieving) といった表現があるのみであることを付け加えておきます。

執筆を応援してくださった上田惇生先生とさまざまなご支援とアドバイスをいただきました上野周雄《うえのちかお》様に心より感謝申し上げます。お二人のご支援がなければ本書が世に出ることはありませんでした。この場をお借りして心より御礼申し上げます。

私は、ドラッカーが教える経営大学院で学び、直接ドラッカーに教えてはもらいましたが、数回の講義に出席したに過ぎません。そんな私がドラッカーに関する本を書いていいものかと躊躇《ちゅうちょ》していました。その背中を押してくださったのが角川書店の原孝寿副編集長でした。原さんから1年半以上も前に本書の企画をいただきました。

本書の執筆のために私はもう一度ドラッカーの著作を読みなおしました。ドラッカーが「教えることほど自分自身が学べることはない」と言っているように、人に読んでもらう本を書くという目的がなかったら、これほど真剣にまた丁寧に原書にまで立ち返ってドラッカーの著作を読み込むことはなかったでしょう。

原さんには企画をいただいてから現在まで、原稿の完成を辛抱強く待っていただいた上にさまざまなご支援をいただきました。心より感謝申し上げます。

また最後になりましたが、本文の中でドラッカー先生に敬称をつけず呼び捨てにしていることをこの場をお借りしてお詫《わ》びしておきたいと思います。

本書を読んでいただくことにより、組織のメンバーが活き活きと働きだし、組織全体として高い成果があげられるようになれば著者としてこれに勝る喜びはありません。「私たち」というチームを作り、部下と共に共通の目標を達成し、高い成果をあげて社会に貢献してください。本書が多くの皆さまのお役に立つことを心より願っています。

國貞　克則

参考文献

1. ピーター・F・ドラッカー著、上田惇生訳『「経済人」の終わり』ダイヤモンド社、2007年
2. ピーター・F・ドラッカー著、上田惇生訳『[新訳]産業人の未来』ダイヤモンド社、1998年
3. ピーター・F・ドラッカー著、上田惇生訳『企業とは何か』ダイヤモンド社、2008年
4. ピーター・F・ドラッカー著、上田惇生訳『[新訳]現代の経営 上』ダイヤモンド社、1996年
5. ピーター・F・ドラッカー著、上田惇生訳『[新訳]現代の経営 下』ダイヤモンド社、1996年
6. ピーター・F・ドラッカー著、上田惇生訳『[新訳]創造する経営者』ダイヤモンド社、1995年
7. ピーター・F・ドラッカー著、上田惇生訳『[新訳]経営者の条件』ダイヤモンド社、1995年
8. ピーター・F・ドラッカー著、上田惇生訳『[新版]断絶の時代』ダイヤモンド社、1999年
9. Peter F. Drucker "Management: tasks, responsibilities, practices" HarperCollins Publishers, 1985
10. ピーター・F・ドラッカー著、上田惇生訳『マネジメント 課題、責任、実践 上』ダイヤモンド社、2008年
11. ピーター・F・ドラッカー著、上田惇生訳『マネジメント 課題、責任、実践 中』ダイヤモンド社、2008年
12. ピーター・F・ドラッカー著、上田惇生訳『マネジメント 課題、責任、実践 下』ダイヤモンド社、2008年
13. ピーター・F・ドラッカー著、有賀裕子訳『マネジメント 務め、責任、実践 I』日経BP社、2

００８年
14．ピーター・F・ドラッカー著、有賀裕子訳『マネジメント　務め、責任、実践　Ⅱ』日経BP社、２００８年
15．ピーター・F・ドラッカー著、有賀裕子訳『マネジメント　務め、責任、実践　Ⅲ』日経BP社、２００８年
16．ピーター・F・ドラッカー著、有賀裕子訳『マネジメント　務め、責任、実践　Ⅳ』日経BP社、２００８年
17．Peter F. Drucker "The Essential Drucker" Harper, 2001
18．ピーター・F・ドラッカー著、上田惇生訳『【エッセンシャル版】マネジメント　基本と原則』ダイヤモンド社、２００１年
19．Peter F. Drucker "Innovation and Entrepreneurship" Harper & Row Publishers, 1985
20．ピーター・F・ドラッカー著　小林宏治監訳　上田惇生、佐々木実智男訳『イノベーションと企業家精神』ダイヤモンド社、１９８５年
21．Peter F. Drucker "Management Challenges for the 21st Century" Harper paperbacks, 2001
22．ピーター・F・ドラッカー著、上田惇生訳『明日を支配するもの』ダイヤモンド社、１９９９年
23．ピーター・F・ドラッカー著、上田惇生＋佐々木実智男訳『マネジメント・フロンティア』ダイヤモンド社、１９８６年
24．Peter F. Drucker "The New Realities" Transaction Publishers, 2003

25. ピーター・F・ドラッカー著、上田惇生+佐々木実智男訳『新しい現実』ダイヤモンド社、1989年
26. ピーター・F・ドラッカー著、上田惇生訳『傍観者の時代』ダイヤモンド社、2008年
27. ピーター・F・ドラッカー著、上田惇生訳『非営利組織の経営』ダイヤモンド社、2007年
28. ピーター・F・ドラッカー著、上田惇生+佐々木実智男+田代正美訳『未来企業』ダイヤモンド社、1992年
29. Peter F. Drucker "Post-Capitalist Society" Harper paperbacks, 1993
30. ピーター・F・ドラッカー著、上田惇生+佐々木実智男+田代正美訳『ポスト資本主義社会』ダイヤモンド社、1993年
31. ピーター・F・ドラッカー著、上田惇生+佐々木実智男+林正+田代正美訳『すでに起こった未来』ダイヤモンド社、1994年
32. ピーター・F・ドラッカー著、上田惇生+佐々木実智男+田代正美訳『未来への決断』ダイヤモンド社、1995年
33. ピーター・F・ドラッカー著、上田惇生訳『ネクスト・ソサエティ』ダイヤモンド社、2002年
34. ピーター・F・ドラッカー著、上田惇生編訳『プロフェッショナルの条件』ダイヤモンド社、2000年
35. Peter F. Drucker "The Effective Executive in Action" Collins, 2005
36. ピーター・F・ドラッカー+ジョゼフ・A・マチャレロ著、上田惇生訳『プロフェッショナルの原

点』ダイヤモンド社、2008年
37. 上田惇生著『ドラッカー入門』ダイヤモンド社、2006年
38. 上田惇生著『100分 de 名著　ドラッカー　マネジメント』NHK出版、2011年
39. ピーター・F・ドラッカー著、牧野洋訳・解説『ドラッカー20世紀を生きて』日本経済新聞社、2005年
40. ジェフリー・A・クレイムズ著、有賀裕子訳『ドラッカーへの旅』ソフトバンク　クリエイティブ、2009年
41. ブルース・ローゼンステイン著、上田惇生監訳、井坂康志訳『ドラッカーに学ぶ　自分の可能性を最大限に引き出す方法』ダイヤモンド社、2011年
42. 週刊ダイヤモンド『もっと知りたい!ドラッカー』ダイヤモンド社、2010年4月17日号
43. 週刊ダイヤモンド『みんなのドラッカー』ダイヤモンド社、2010年11月6日号
44. 週刊ダイヤモンド『【エッセンシャル版】ドラッカー』ダイヤモンド社、2011年6月18日号
45. ステファン・P・ロビンス著、高木晴夫監訳『組織行動のマネジメント』ダイヤモンド社、1997年
46. エドワード・L・デシ+リチャード・フラスト著、桜井茂男監訳『人を伸ばす力』新曜社、1999年
47. 日経トップリーダー編集『なぜ、社員10人でもわかり合えないのか』日経BP社、2011年
48. 國貞克則著『悩めるマネジャーのためのマネジメント・バイブル』東洋経済新報社、2008年

参考文献

ここに記載した参考文献は私が所有し参考にした書籍・雑誌です。ドラッカーの主要著作の日本語版については、「ドラッカー名著集」エターナル・コレクションとしてダイヤモンド社から２００６年以降再出版されています。

國貞克則（くにさだ・かつのり）
1961年生まれ。83年、東北大学工学部卒業後、神戸製鋼所入社。海外プラント輸出、人事、企画などを経て、96年、米クレアモント大学ピーター・ドラッカー経営大学院でMBA取得。2001年、ボナ・ヴィータ コーポレーションを設立して独立。中小企業を中心に精力的にコンサルティング活動を行っている。主な著書に『財務３表一体理解法』『財務３表一体分析法』（朝日新書）、『ストーリーでわかる財務３表超入門』（ダイヤモンド社）、『悩めるマネジャーのためのマネジメント・バイブル』（東洋経済新報社）などがある。

究極のドラッカー

國貞克則《くにさだかつのり》

2011 年 11 月 10 日　初版発行
2025 年 3 月 25 日　11版発行

◆◇◇

発行者　山下直久
発　行　株式会社KADOKAWA
〒102-8177　東京都千代田区富士見 2-13-3
電話　0570-002-301（ナビダイヤル）

装 丁 者　緒方修一（ラーフイン・ワークショップ）
ロゴデザイン　good design company
印 刷 所　株式会社KADOKAWA
製 本 所　株式会社KADOKAWA

角川新書
　ISBN978-4-04-110085-1 C0295